U0680921

有故事的

汉字

YOU GUSHI DE
HANZI WENHUA KE

文化课

行辈字里叙宗族　　王弘治 ………… 著

天地出版社 | TIANDI PRESS

图书在版编目（CIP）数据

行辈字里叙宗族 / 王弘治著.— 成都：天地出版
社，2024.6
　（有故事的汉字文化课）
　ISBN 978-7-5455-8261-1

　Ⅰ．①行…　Ⅱ．①王…　Ⅲ．①汉字－儿童读物
Ⅳ．①H12-49

　中国国家版本馆CIP数据核字(2024)第054558号

HANGBEI ZI LI XU ZONGZU
行辈字里叙宗族

作　　者	王弘治	特约策划	少年得到
出 品 人	杨　政	美术设计	霍笛文
总 策 划	陈　德	内文图片	视觉中国
策划编辑	李婷婷　曹　聪	内文排版	书情文化
责任编辑	曹　聪	营销编辑	魏　武
责任校对	卢　霞	责任印制	高丽娟

出版发行　天地出版社
　　　　　（成都市锦江区三色路238号　邮政编码：610023）
　　　　　（北京市方庄芳群园3区3号　邮政编码：100078）
网　　址　http://www.tiandiph.com
电子邮箱　tianditg@163.com
经　　销　新华文轩出版传媒股份有限公司

印　　刷　北京瑞禾彩色印刷有限公司
版　　次　2024年6月第1版
印　　次　2024年6月第1次印刷
开　　本　710mm×1000mm　1/16
印　　张　12.5
字　　数　165千字
定　　价　35.00元
书　　号　ISBN 978-7-5455-8261-1

版权所有◆违者必究

咨询电话：（028）86361282（总编室）
购书热线：（010）67693207（市场部）

如有印装错误，请与本社联系调换。

　　卡尔·马克思有句名言："人是一切社会关系的总和。"万事万物，天地宇宙，人是联结一切的枢纽，一切事物也正是因为与人相关，才变得更加多姿多彩。"人"这个笔画极其简单的汉字，几乎囊括了马克思这句名言的精髓。

　　现代汉字"人"的写法，是左一撇，右一捺，仿佛是一顶大帐篷。有人因此望文生义，说"人"字象征了人是互相支持、互相依赖的生物。这话说得很巧。但是"人"的古汉字写法却跟现在大不一样。古汉字"人"是一个人侧着身子、含胸弯腰的样子，谦恭有礼，恂恂如也，温文尔雅，一看就有生活在礼仪之邦——中国的君子风范。礼貌，是人在社会上生存最重要的一种教养，"人"字就是这种中华优秀文化传统的集中呈现。

　　君子虽然文质彬彬，但是面对社会危机，总能挺身而出，敢于承担责任，有担当有抱负。"人"字从侧面转向正面，就成了"大"字。看，一个人昂首直立，热情地张开双臂，用博大的胸

怀拥抱世界，真可谓海纳百川、有容乃大的大丈夫！我们如果在这个
"大"字上添上一横，就是"夫"字了。原来，贫贱不能移、威武不能
屈、富贵不能淫的大丈夫，就是从展示博大胸怀的"大"字衍生出来
的。这几个字的变化，不光是字体、字形的衍生转化，还表现出造字
祖先精神境界的升华，体现了古人造汉字以人为本的特色。

我们都知道孔子创立的儒家，是把"仁"当成中心思想的。"仁"
这个字的写法，也是离不开人的。现在通行的"仁"，左半部分的单人
旁就是从古汉字侧立的人形变来的。值得注意的是，研究古代汉字的
学者认为"仁"的右半部分"二"不是数字，而是一个重文符号，也
就是专门用来拷贝已有字形的缩写符号。所以"仁"这个字的写法，
就是两个人处在一起，代表着人与人的共存共处。孔子把"仁"当成
儒家学说核心，就是在强调人与人要和谐相处。

其实"仁"在古汉字里还有一种上下结构的写法，上半部分
是"身体"的"身"，下半部分是"心脏"的"心"。"身"这个字，
也是从人变来的，古汉字"身"就是在"人"字上画一个大肚子，
凸显人的躯干。"仁"字为什么要这么写呢？研究古汉字的学者把
"身"看成一个声旁；可是研究古代思想的哲学家们却有不同的想
法，他们认为孔子讲的"仁"，不是一句挂在口头的空话，而是要让
所有活在世界上的人都能践行崇高的价值观。这两种说法孰是孰非，
我在这里先不下结论，只用这几个小例子，引导读者们在这本书里
细细探查一番，看看汉字是不是以人为本、从人出发，集中了古代
社会关系的精华。

"爸""妈":
全球通用的称呼

中国人非常看重家庭以及家族的亲情纽带。受这种文化的影响，汉语里的亲属称谓非常复杂。接下来，我们一起来深入探究汉字中的家族文化。

我首先要讲的就是与每个人都关系密切的"父"和"母"。你知道"父"和"爸爸"，"母"和"妈妈"这两组称谓之间究竟有什么关系吗？世界最高的珠穆朗玛峰跟汉语中的"母亲"这个词竟然也有相通的地方？为什么全世界对父母的叫法具有高度的相似性？我们赶快来一边阅读，一边寻找答案。

"父母"与"爸妈"

我们先来探寻为什么在汉语里会有"父"和"爸爸","母"和"妈妈"这两组同义的称谓。你也许会觉得"父""母"这组称谓文雅、正式一点儿;"爸爸""妈妈"就比较随意、日常。但是,我要告诉你,这种想法是只知其一,不知其二。

在很久远的古汉语里,并没有"爸""妈"这两个字。"爸"和"妈"出现的时间大概不会比宋朝更早。你可能会说:难道宋朝以前的古人平时都管自己的爸爸、妈妈叫"父""母"吗?这多别扭啊。其实,他们对爸爸、妈妈的叫法跟我们今天的叫法基本没有区别,只不过他们嘴上叫"爸爸""妈妈",可是写成的汉字却是"父"和"母"。

现在,"父"和"母"这两个字跟乌鸦的"乌"是同样的韵母。在这套书的其他篇章中,我曾介绍过乌鸦得名的由来。在古汉语里,"乌"这个字的读音就是模仿乌鸦这种鸟"啊——啊——"的叫声,所以在上古,"乌"的读音是"ā"。那么倒推回上古汉语,"父"和"母"的读音就跟现在"爸"和"妈"一样。"乌"的读音变了,所以古人又造出一个"鸦"字来,继续代表乌鸦的叫声。"父"和"母"的读音也逐渐发生了变化,可是人们已经叫惯了"爸爸""妈妈",于是古人又造出两个新字来,"父"字下面加上声旁"巴";"母"字变成了女字旁加上一个"马"字。

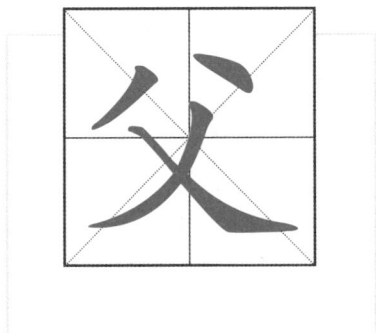

商代甲骨文"父"字

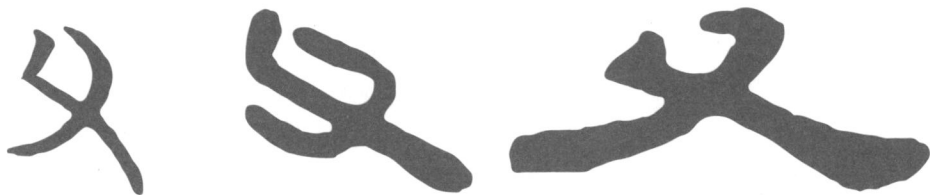

战国、秦、汉时期的"父"字

　　"父"这个字象形的是一只手拿着一样东西。有的学者认为，这只手把握着一柄石斧，因此古汉语中的"父"借用了"把"的读音。

"父"字的象形——手握斧子

古人在创造甲骨文的时候总会把手里把握的东西刻得又细又长。因此有的学者质疑，"父"字象形的不是手握石斧，而是手拿一根手杖。

夸父的手杖

古陶文"夸"字　　金文"夸"字

远古的时候，夸父这个巨人要跟天上的太阳赛跑，这可是一场跨越天地的马拉松啊。结果夸父因为流汗太多没有水喝，被活活渴死了。夸父死后，他手里的手杖居然化为一片桃林，里面结的桃子可以为将来与太阳赛跑的人解渴。你可能早就听过这个故事，但是你有没有想过，夸父为什么要拿着一根手杖长跑呢？夸父的这根手杖很可能就是古人从"父"的字形当中获得的灵感。

夸

你仔细观察古汉字"夸"，会发现上面的这个"大"字，看起来像一个人正在迈开大步跨越障碍，勇往直前的样子。夸父正是敢跟太阳赛跑的人，他的名字"夸父"起得多么贴切啊！

你再回去看看"父"字在商代时的字形，最后化为桃林的那根手杖，不也在"父"这个字里得到了生动的印证吗？在后来的字形演变中，这根长长的手杖越写越短，逐渐变成了现在"父"字的左边一撇，而代表右手的"又"字起笔的这一横折断开，成了一点和一撇，这新的一点是为了平衡左边这一撇而发生的变化，于是现在的"父"字就诞生了。

"母"字也能从写法上看出古代的读音吗？

母亲指代女性。在早期的殷商文字里，"母"和"女"这两个字的写法非常接近。我们来观察中国最大的青铜鼎——后母戊鼎上的铭文——"后母戊"。

后母戊鼎上的铭文

"母"字在铭文的右下角，是一个跪坐的人物形象。你再看看甲骨文里的"女"字，写法跟"母"几乎一样。可是"女"跟"母"毕竟还是有区别，没生过孩子的女人就不是母亲啊。所以，"母"的

甲骨文"女"字

甲骨文"母"字

字形又逐渐变化了。古人在"母"字上加了两点，这两点差不多就是对着胸口的位置，以提醒大家母亲是给孩子哺乳的女人。这样一变，"母"和"女"这两个字就区分开了。

在一些方言里，至今乳房还被叫作"妈妈"，小婴儿吃母乳，就被说成"吃妈妈"。这个叫法可以倒推到甲骨文的造字时代。你可以问问上了年纪的长辈，看看他们知不知道这样的说法。从母亲哺乳这件事上，我们就能推测"母"在古人口头上的读音大概就是"妈"了。

"父""母"是尊称

现在，我们一起来解决开篇提出的第二个问题：珠穆朗玛峰和"母"之间有什么关系？

在古汉语里，"父"和"母"除了代表我们的生身父母，还有一个很重要的含义，就是对男子和女子的尊称。这种应用现在已经很少出现。比如秦始皇年幼登基的时候，尊称吕不韦为"仲父"。这可不是在呼应历史谣言"秦始皇嬴政是吕不韦的私生子"；春秋时，齐桓公也尊称管仲为"仲父";孔子字仲尼,他周游列国,在晚年回到鲁国时,因为年高德重,也被鲁国的国君鲁哀公尊称为"尼父"。这几位国君可不是随便认爹,这个"父"字是他们对德高望重的大臣的尊称、美称。后来这个字太容易引起误会,就改写成了"杜甫"的"甫"。"甫"是美称,所以杜甫才会字子美。

《山海经》里有一位西王母,这个"母"字就是古人对她的尊称。后来西王母变成了《西游记》里的王母娘娘,这个"王母"可不是玉皇大帝他妈的意思,"母"在这里是尊称。

在藏族的语言里,"父""母"这两个字的特殊意义也能找到对应。我刚才说了,在古汉语里,"父""母"这两个字就读成"爸""妈"。在藏语中,"巴"和"玛"这两个音节也代表对男性、女性的尊称。比如"珠穆朗玛"的藏文意思是大地之母,其中"玛"这个音节跟西王母的"母"一样,是对女神的尊称。从"父""母"这两个字的古代读音上,我们还能找到民族大团结的文化纽带。

"爸""妈"全球通用

在本篇的最后,我们来解答为什么全世界对父母的叫法具有高度的相似性。其实这是人类的天性使然。你小时候有没有吃自己手指的习惯?有些大人觉得吃手是不卫生的坏习惯,其实这不过是人的生理本能。在妈妈肚子里的时候,胎儿就开始吃手指了。

宝宝为什么觉得手指这么香呢？宝宝吃手指跟"爸爸""妈妈"的叫法有什么关系呢？这关系可大了。宝宝在妈妈的肚子里是靠肚脐上的脐带吸收营养的，但是出生以后，他就得靠嘴吃奶来维持生命了。宝宝吃手指实际是在练习用嘴唇吸乳头的动作，所以宝宝吮吸手指就是在练习吃奶啊。双唇吮吸的动作是人类口腔器官最早掌握的运动方式。宝宝掌握了这个动作，才能在妈妈怀里"嗝哇嗝哇"地吃奶。人们自然而然地就把奶水的供应方叫作"妈妈"了。"mā"这个读音跟吃奶的自然行为有关。而"bà"这个读音的声母，在很多语言里不是"b"就是"p"，也跟嘴唇有关；这其实多半是为了跟"mā"的读音有一点儿区分，才改变了一下读音的方法。从这个角度来说，"爸爸"这个叫法是"妈妈"的衍生品。

词性解析

父

1. 名词，对男子的美称。

《游褒禅山记》："四人者：庐陵萧君圭君玉，长乐王回深父，余弟安国平父、安上纯父。"

2. 名词，对老年男子的尊称。

《史记·项羽本纪》："……纵江东父兄怜而王我，我何面目见之？"

3. 名词，开始，即教育的最初内容。

《老子》："强梁者不得其死，吾将以为教父。"

4. 动词，通"捕"，捕捉，读fǔ。

《管子》："用其臣者，予而夺之，使而辍之；徒以而富之，父系而伏之，予虚爵而骄之……"

5. 名词，本义，父亲。

《世说新语》："孔文举年十岁，随父到洛。"

6. 名词，对某一重大事业的创始者的尊称。

氢弹之父、原子能之父。

7. 名词，对和父亲同辈的男性亲属的称呼。

伯父、姨父、岳父。

8. 名词，古代天子、诸侯对同姓长辈的称呼。

《诗经》："既有肥羜（zhǔ），以速诸父。"

母

1. 名词，本义，母亲。

《石壕吏》："有孙母未去，出入无完裙。"

2. 名词，对家族或亲戚中的长辈女子的称呼。

祖母、伯母、婶母。

3. 名词，本源。

字母、母机、母校。

4. 形容词，雌性的。

母猴、母蟹、母猫。

46

"哥哥" 来自鲜卑语

在汉字的世界里，"兄"是"哥哥"比较文雅、正式的叫法。但是跟"兄"比起来，我们现在更常用的称谓是"哥哥"。我对"哥哥"这个称谓有个观点是，"哥哥"是会唱歌的"爸爸"。在这一篇中，我就来给你讲讲这到底是怎么回事。

既然"哥哥"和"兄"表达的是同一个意思，为什么会有不同的叫法呢？我在上一篇中解释了"父"和"爸爸"、"母"和"妈妈"这两组同义称谓源于古代字音的变化。我们经过一番汉字溯源发现，古人对父母的叫法其实跟我们今天对爸妈的叫法没区别。但是，"兄"跟"哥"这两个字的关系就大不一样了，"兄"这个叫法被后来新兴的"哥"强势取代了。我们先来看看"兄"这个字是怎么来的吧。

甲骨文"兄"的字形是一个人形顶着一张口。从这个字形来看，"兄"字的意思很令人费解。

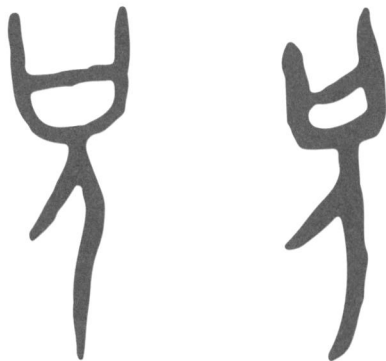

甲骨文"兄"字

我曾讲过"元"的字形是人形顶着一个大头,代表脑袋。如果按照"元"的造字规则,"兄"这个字应该跟嘴巴有关吧。可是,嘴巴和兄长有什么关系呢?有的文字学家就"脑洞大开",想从古代的历史风俗来解释"兄"字的来源。

先秦社会是以家族宗法制度作为基础的。这是什么意思呢?宗法社会就是把国家当成一个大家族。为了维系这个"大家族"的内部和谐,防止大家为了利益互相倾轧,就必须强调长幼有序、尊卑有别。孔子曾经向齐国的国君阐明治国的基本道理就只有八个字:"君君、臣臣、父父、子子。"这句话说的是君臣的地位就像父子的地位一样,不能随便调换。在家庭内部,除了父亲,就数兄长有权威了。君主的继承人必须是嫡长子。嫡长子就是正妻生的大儿子。一个家庭里的嫡长子就是家族的继承人,其余兄弟都不能跟他争地位。换言之,这位嫡长子必然是众多弟弟的兄长,有权力向弟弟们发号施令,弟弟们也应该服从他。因此,"兄"这个字才特别突出人形上头一张口,这是在象形兄长向弟弟们发号施令的样子。

仲尼的兄长——孟皮

不过在先秦,在一个家庭里当兄长未必真有这么风光,有时候反而挺惨的。

仲

孔子名丘，字仲尼。"仲"这个字写成左边一个"亻"，右边一个"中"。在古汉语里，"仲"就是排行老二的意思。因此，从前有人批判儒家的时候，就给孔子起过一个外号叫"孔老二"。孔子排老二，那孔家老大是谁呢？在《孔子家语》中有记载，孔子还有个长兄——孟皮。

在古汉语里，"孟"就是排行老大的意思，比如传说中哭倒了长城的孟姜女，她的名字就是姜家大女儿的意思。

孟皮虽然是孔子的兄长，但他的母亲只是一个小妾，就是说他不是嫡长子。所以后来，孔家的贵族地位被弟弟仲尼继承了，而作为长兄的孟皮差点儿连名字都在历史上湮没无闻。在历史上，像孟皮这样没有地位的兄长其实还有很多。

"孟"的字形非常奇怪，甚至有点儿诡异。在古汉字里，"孟"的字形是在象形一个器皿里放着一个幼儿的样子。

我们现在知道，在古代，兄长不总是风光无限的发号施令的人。所以，"兄"的字形究竟代表了什么，到现在还是一个谜。不过，在上古汉语中，"孟"字跟"兄"字的读音非常接近，既然"孟"表示老大的意思，那么"兄"就很可能是"孟"的同音假借。

甲骨文"孟"字

哥

那么，"兄"这个称谓是怎么被"哥哥"替代的呢？我们先来了解"哥"字最早是什么意思。"哥"其实就是唱歌的"歌"最初的写法。但是，现在"哥哥"这个叫法跟古代唱歌一点儿关系都没有，因为"哥哥"这个词起初并不是汉语。

鲜卑语"哥哥"＝汉语"爸爸"

把兄长叫作"哥哥"是从唐朝流行开的一种习惯。唐太宗李世民给自己儿子李治，也就是后来的唐高宗写过一封亲笔信。学者在研究这份文物时发现，李世民在这封短信的最后署名是"哥哥敕"。"敕"这个字是结束的"束"右边加个"攵"，它的意思就是皇帝的命令、圣旨。而"哥哥"呢，就是李世民对自己的称呼。李世民为什么自称"哥哥"呢？这不是乱了辈分吗？

李世民没有犯糊涂。在鲜卑语里，"哥哥"有爸爸的意思。南北朝的时候，鲜卑族统一了中国北方，建立了北魏王朝。"哥哥"这个词从鲜卑语借到汉语中来。鲜卑文化对后来的隋唐帝国有着非常深远的影响。隋文帝杨坚的妻子和唐高宗李渊的母亲,是出身鲜卑独孤氏的姐妹;唐太宗李世民的母亲窦皇后,本来也是鲜卑人,姓纥豆陵氏;而唐高宗的母亲长孙皇后,她家原来就是从北魏皇族拓跋氏分出来的。唐朝三代皇帝的母亲都是鲜卑族出身,他们在家庭内部会使用鲜卑语也就不足为奇了。李世民信里的"哥哥"就是爸爸的意思。

那么,"哥哥"的意思是如何从爸爸降级为兄长的呢?

原来在鲜卑语里,"哥哥"本来就有"父亲"和"兄长"两个意思,这可能跟草原民族代代相传的风俗有关。比如从前匈奴人的最高首领单于去世,继任的新单于会接手前任单于的妻妾,这么一来,这些妻妾之前生的孩子该怎么称呼新单于呢?后来新生的孩子又该怎么称呼新单于呢?可能就是因为这种风俗,在草原民族的语言中,父亲和兄长这两种关系就都可以用"哥哥"来代表了。

唐代的皇帝喜欢说胡语,上行下效,老百姓当然也都学着说,很快"哥哥"这个词就取代了"兄"字,变成人们的常用语了。到了今天,在全国大多数地方,人们都管自己的兄长叫"哥哥"。只有南方的福建话和江西、湖南少数地区的方言依旧用"兄"字。这也说明这些方言非常古老,还保留着唐朝以前的叫法。

弟

比起"兄"来，"弟"就没有那么多奇奇怪怪的故事了，从古至今都没发生什么变化。但是"弟"这个字的写法很奇怪：它最早的样子像一根棍子上缠着一条绳子。这难道是在象形弟弟是爸妈买绳子送的？

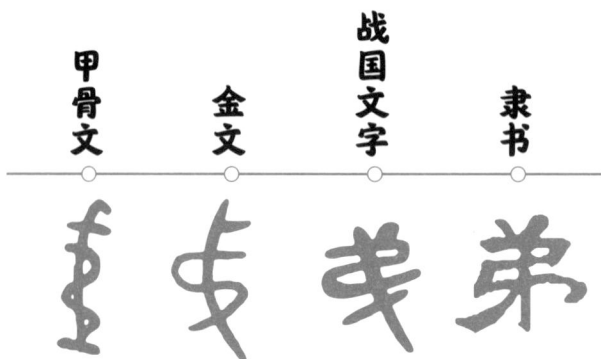

甲骨文　金文　战国文字　隶书

"弟"字的演变过程

　　有文字学家认为，其实古汉字"弟"的字形后来发展成了两个汉字，一个就是"兄弟"的"弟"，还有一个字现在写成"艹"下一个"夷"——"荑"，这个字念"tí"，意思是草木的嫩枝、嫩芽。而古汉字"荑"的写法应该就是象形柔软的植物枝条绕着杆子往上爬的样子，这就跟现在农民种黄瓜、丝瓜搭架子的样子差不多。

"荑"字的象形——黄瓜架子

　　"荑"是嫩芽的意思。现在的一些方言把小孩儿叫作"细伢子""伢崽",这个"伢"字有可能就是用植物嫩芽的意思来比喻稚嫩的小孩儿。如果"荑"字和"弟"字同源的话,那"弟弟"的意思应该也是从植物嫩芽的比喻变来的——"弟弟"就是指年幼稚嫩的孩子们。当然,这也只是一种猜测。文字学家还在深入探究"弟"这个字更可靠的解释。

词性解析

兄

1. 名词，本义，血亲或亲戚中同辈男性中年龄比自己大的人，兄长。

家兄、表兄、堂兄。

2. 名词，对他人的尊称。

仁兄、兄台。

弟

1. 名词，本义，秩序，次第。

《吕氏春秋》："六曰：乱必有弟。大乱五，小乱三……"

2. 名词，泛指血亲、亲戚或亲族中男性辈分相同而年纪较小的人。

表弟、堂弟、内弟。

3. 名词，朋友之间的谦称。

小弟、愚弟。

4. 名词，门生、学生。

徒弟。

5. 动词，通"悌"，敬爱兄长，读 tì。

《论语》："孝弟也者，其为仁之本与？"

"姐"：
时迈古今的文字奇葩

在古代，不仅当大哥未必风光，当大姐也很不容易。"姐"这个汉字因此也隐藏着很多有意思的文化内涵呢。

姐　姊　妹

姐

　　在家庭中，谁可以算是你的姐姐呢？你先别急着告诉我答案，因为我敢保证，你听完我的介绍以后，一定会惊叹汉语的博大精深，甚至以后都不敢随便叫人姐姐了。

　　"姐"这个字真有这么复杂吗？我现在就开门见山地告诉你：在汉语中，"姐姐"除了表示 older sister 的意思，还有妹妹的意思；在古汉语里，"姐姐"还可以表示妈妈；在有些地区的方言里，姐姐甚至还有奶奶的意思呢。我现在就来一个一个讲给你听。

粉彩瓷器，清代，中国国家博物馆藏

姊、女兄、姐姐

在先秦两汉的古书里，"姐"这个字还很少出现。当时，古人称呼平辈中比自己大的女性亲属用的是"姊"这个字。现在，很少有人用"姊"了。

湖北省有个秭归县，你可能会在语文课上接触到这个地名，因为秭归县是屈原的故乡。表示姐姐的"姊"与"秭"很像，只是后者左边是禾字旁。在现代汉语里，"姊"字虽然比较生僻了，但在一些方言里还经常出现，比如，上海人把姐妹关系称作"姊妹道理"。这种说法就是古代汉语在方言中的遗存。

《说文解字》在解释"姊"这个字的时候，说"姊"就是女兄的意思。"女兄"，顾名思义，就是女性兄长。这听起来有点儿怪，其实这是因为古人有重男轻女的思想，平辈间的排行都是以男性称谓作标杆。

妹

古人把"姊"解释为女兄，相应地就把"妹"解释为女弟。这种解释方法反映了在古代的家庭中，女性依附男性生存，在家庭中地位较低的状况。有句老话这样说，嫁出去的姑娘泼出去的水。这句话的意思是，女子出嫁以后，就不算原生家族的一分子，而是别人家的人了。受这种婚姻观念影响，大部分古人认为姐姐也好，妹妹也罢，迟早都是外姓人。

不畏强权的嵇康与豪气干云的聂荣

不过在世俗的偏见之外，历史上也有歌颂姐姐的不朽篇章。你知道千古名曲《广陵散》其实是献给一位姐姐的颂歌吗？《广陵散》闻名千古，主要是因为三国时位列"竹林七贤"之一的嵇康大力推荐。嵇康被把持朝政的司马氏政权诬陷，遭受死刑。临刑之前，他要求再演奏一次《广陵散》。他在弹奏完这一曲后，长叹："《广陵散》从此绝唱。"但是这首曲子其实流传广泛，并未失传。嵇康为什么会发出这样的长叹呢？我们要知道这个答案，就必须从《广陵散》这首曲子表达的一段荡气回肠的历史故事说起了。

战国的时候，有一位勇士聂政，隐姓埋名在齐国市井当屠夫，养活老母和未出嫁的姐姐聂荣。这时韩国有一位贵族严仲子为了请聂政出山行刺在韩国的政敌，不惜纡尊降贵结交聂政，并出钱出力赡养聂政的老母，还帮助姐姐聂荣找了个好婆家。

聂政受严仲子的知遇之恩，在把离世的母亲安葬以后就去刺杀严仲子在韩国的政敌。聂政得手后为了不泄露身份，用刀划烂了自己的脸，切腹自杀。韩国人把聂政的尸体丢在大街上，悬赏千金找人指认聂政的身份。姐姐聂荣听到了这个消息，风雨兼程赶到韩国，在闹市街头抱着弟弟聂政的尸体，大声向众人说："这是家住轵县深井里的聂政。从前因为老母在堂，长姐未嫁，一直在市井中当小贩谋生。后来感念朋友的知遇之恩，不惜一死，又担心会株连我这个无辜之人，才会毁容自杀。我做姐姐的怎么会因为怕死，而让弟弟的英名埋没于世呢！"聂荣悲痛万分，最后竟因伤心过度死在弟弟的尸体边。这个弱女子的英雄气概，丝毫不亚于在刀剑丛中刺杀大臣的弟弟聂政。从此，聂荣这位姐姐的名声传遍了天下。

嵇康面对司马氏将要篡夺曹魏天下的淫威，决心以一死当成最后的抵抗，而他在临刑之前用《广陵散》来当自己的绝命曲，就是想知道在自己死后，会有谁能像当初的聂荣一样不向邪恶的强权低头，站出来维护自己。

东晋时，"姊"就是妹妹

到了东晋的时候，"姊"竟然还可以表达妹妹的意思。

东晋的大将军桓温消灭了割据在四川的成汉国，把俘虏的成汉公主李氏纳为妾室。桓温的正妻南康长公主司马兴男是当时皇帝晋成帝的姐姐，性格刚烈。桓温很怕这位南康长公主，所以一直瞒着纳妾的事。

然而纸毕竟包不住火，长公主听说这件事后，气不打一处来，立马带着几十个老妈子，提着刀要找这个李氏拼命。长公主杀进小院，看到李氏正在梳一头乌亮的长发。她的头发一直拖到地上，样貌端庄秀丽，把长公主都看入迷了。

李氏见一伙人气势汹汹杀进来，并不慌张，反而气定神闲地梳完头发，向长公主行礼说："我本是国破家亡之人，早该一死，今日能死在您手里，已经是非分之福了。"长公主听到李氏哀婉动听的声音，不由得把刀丢在地上。她赶紧上前抱住李氏，说道："阿姊，我见到你都不由得动心，更何况桓温那老家伙。"这就是典故"我见犹怜"的出处，而南康长公主听说的"阿姊"，其实表达的是妹妹的意思。

南北朝时，"姊"就是妈妈

南北朝的时候，"姊"还有妈妈的意思。北齐是南北朝时的一个短命王朝，北齐的天子姓高，高氏一族好像有遗传性精神疾病，当皇帝的都是疯子。北齐的第四个皇帝武成帝高湛在位的时候，荒淫无耻，竟然霸占了自己的寡嫂文宣皇后李祖娥。这个苦命的前朝皇后被霸占不久就怀了身孕。她十几岁的儿子，也就是武成帝高湛的侄子太原王高绍德进宫求见，文宣皇后觉得实在难堪，索性闭门不见。少年高绍德心直口快，在殿外发脾气说："儿岂不知，姊姊腹大，故不见儿。"文宣皇后羞愧难当，后来竟然把生下的女婴给杀死了。在这个畸形悲惨的故事里，"姊姊"的意思就是妈妈。

北齐是受鲜卑族文化影响很深的王朝，亲属称谓都有点儿混乱、奇怪。《北齐书》记载南阳王高绰家里，兄弟们管爸爸叫"兄兄"，管亲妈叫"家家"，管乳母叫"姊姊"，管自己的老婆叫"妹妹"。我们已经知道，管爸爸叫"兄"可能跟"哥"字的外族来源有关系；

但是管母亲或乳母叫"姊姊"倒不一定是受外来语的影响。《说文解字》是这样解释"姐"这个字的：蜀，也就是成都平原这一带的人管母亲叫"姐"。直到今天，在南方的客家方言里，还有把妈妈叫作"姐"或者"老母姐"的说法，这就是汉语古今相承的印记。

在现代方言中，"姐"就是老奶奶

"姐"当妈妈的意思用，写出来容易产生误会，因此古人就造了一个新字——"毑（jiě）"，专门用来表示妈妈的意思。在长沙方言里，现在还有"毑"这个字。长沙人管奶奶叫"娭毑"。"娭毑"就是老妈妈的意思。在湖南很多地方的方言里，这个"母"加"也"的"毑"字，已经成了对奶奶或是老年妇女的敬称了。

"姐姐"的叫法如此复杂，充分体现了汉语时迈古今、地跨南北的博大精深。如果没有深厚的文化土壤，怎么会长出如此纷繁多样、妙不可言的字词之花呢？

汉字撷英

词性解析

▼

姐

1. 名词，血亲或亲族中年龄比自己大的女性。

亲姐姐、堂姐、表姐。

2. 名词，对社会上受自己尊敬的女子的尊称。

李姐、张大姐。

姊

1. 名词，本义，姐姐。

《木兰诗》："阿姊闻妹来，当户理红妆……"

2. 名词，指母亲。

《史通》："如今之所谓者，若中州名汉，关右称羌，易臣以奴，呼母云姊。"

妹

1. 名词，血亲或亲族中年龄比自己小的女性。

亲妹子、妹婿、堂妹。

2. 形容词，通"昧"，昏暗不明。

《庄子·天道》："鼠壤有余蔬而弃妹之者，不仁也……"

兄弟排行的专属汉字

我们现在称爸爸的哥哥为"伯伯";称爸爸的弟弟为"叔叔"。你知道这两种不同的叫法是从何而来的吗?

在现代，"父"指父亲，但在古代"父"不只是父亲的意思，还指爸爸的兄弟们，所以现代才有"伯父""叔父"的称呼，甚至在现代的汉语方言里，这样的称呼还经常出现。我以前读巴金的名著《家》《春》《秋》，里面就有四川人管伯伯、叔叔叫"大爸""二爸"的情节。我想通过这个例子告诉你，"伯伯"和"叔叔"并不是自古以来小辈对长辈的称呼，它们就跟四川人口中的"大爸""二爸"一样，只是一个表示兄弟间排行顺序的称谓罢了。

我在其他篇章中已经以孔子家里的情况为例给你讲过，在古汉语里，老大的排行称谓为"孟"，老二的排行称谓为"仲"。

在这一篇中，我们就来系统地讲解兄弟排行的称呼，一共四个字："伯""仲""叔""季"。虽然这四个字在兄弟的排行中表示老大、老二、老三和老四，但每个字背后都有非常精彩丰富的文化内涵。

你可能会问：古人不是管老大叫"孟"吗，为什么现在又叫"伯"了？为了回答这个问题，我先为你讲一段历史旧事。

周武王的大哥伯邑考

孔子的哥哥孟皮虽然年纪比孔子年长，但由于他的母亲只是一个地位低下的小妾，所以他没有继承父亲爵位的权利。在宗法社会里，他的身份被称为"庶出"。跟"庶出"相对的身份就是"嫡出"，具有嫡出身份的人都是正妻生的孩子。正妻生的老大，就可以称为

"伯"了。

传说，西周初年，周公姬旦制定了周礼宗法。周公旦的母亲太姒，就是周文王的王后正妻。古书上记载，太姒一共生了十个儿子，周公姬旦是老四，周武王姬发是老二，而老大的名字就叫作"伯邑考"。按理说，这位嫡出的老大伯邑考必然就是周文王的继承人，但是按照《史记》记载，伯邑考不幸早亡，姬发作为老二，得以继位，成为后来的周武王。

"伯"的身份要高过"孟"，不仅跟宗法有关，也跟这个字的来源有关。《说文解字》这样解释："伯，长也。"在古汉语里，"长"字除了表示年长，还有首领、长官的意思。

黄池会盟上的"长"与"伯"

春秋晚期，晋国和南方的吴国在黄池（现河南封丘）举行会盟。在这次盟会上，老牌强国晋国和新兴势力吴国为了谁当领袖吵了起来。吴王夫差说："于周室我为长。"晋国君主晋定公说："于姬姓我为伯。"夫差的意思是说吴国祖先泰伯是周文王的大伯，辈分更高；而晋定公回答的意思是晋国是辅佐周天子的诸侯领袖。晋、吴两国的针锋相对，正好完美诠释了"长"与"伯"这两个字的关系。

历史上著名的春秋五霸其实本来应该写成"春秋五伯"。在上古汉语里，"霸"和"伯"几乎同音，所以可以通用。在现代汉语里，

"霸"字给人的印象不太好,比如"霸权""霸道""称王称霸"这些词都透着一股欺负人的意味。但春秋时候的"霸主"就是诸侯们的领袖、诸侯们的老大哥的意思。春秋首霸齐桓公可不是靠欺负别的国家才当上霸主的,诸侯之"伯"必须以德服人——齐桓公领导中原诸侯抵御南方楚国和北方夷狄,是中原文明的保护者。

在周代的金文铭文中,"伯"字就写成它的声符,一个"白"字。后来因为"伯"字总跟亲属、诸侯这些人称有关,所以又加上一个"亻"。"白"虽然是一个非常简单、常用的字,但文字学家至今还没有对它的字形含义达成共识。

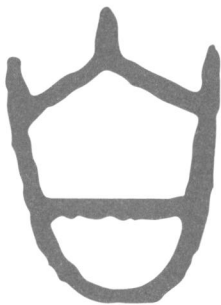

小篆体"白"字

　　"仲"是老二的意思。孔子字仲尼，这个"仲"字就表示他排行老二。有个成语叫"伯仲之间"，意思是两个人的本领难分高下。这个成语就是从代表兄弟排行的"伯"和"仲"引申而来的。

　　古人为什么用"仲"字表示排行老二呢？这可能是从"仲"字的声旁"中"字来的。"仲"，就是排行夹在哥哥和弟弟中间嘛。如果一个人管爸爸的哥哥叫"伯伯"，管爸爸的弟弟叫"叔叔"，那么他的爸爸就是这位"仲"了。

　　"叔"和"季"这两个字，虽然在兄弟排行中有老三和老四的意思，但你看到这两个字可不要简单地认为它们一定就是老三和老四的意思。

太姒十子

我还拿周公旦兄弟当例子：周公的母亲太姒生了十个儿子，用"伯""仲""叔""季"这四个字来排行显然不够用了，怎么办？古人明明多是多子多孙的大家庭，为什么只给兄弟排行预备了四个字呢？其实，你一看周公十兄弟的名字，就明白是怎么回事了。

太姒十子，除了老大伯邑考、老二武王姬发，其余八个孩子分别是：三子管叔鲜、四子周公旦、五子蔡叔度、六子曹叔振铎、七子郕（chéng）叔武、八子霍叔处、九子卫康叔封和十子冉季载。其中，"周公旦"是后人对周公的特别尊称，其他兄弟的名字里都有"叔"，唯独第十子的名字叫"季载"。原来，"季"指的是排行最小的老疙瘩，老二和老幺之间的兄弟统称"叔"。

"叔"这个字的古汉字字形有两种不同的写法。

第一种写法像是一支弯曲的箭缠绕在什么东西上，这个字就是"吊"的旧写法。"吊"跟"叔"古音接近，所以就被借来用了。

甲骨文"吊"字

第二种写法就是现在"叔"字的直接前身。现在"叔"字的左半部分"未",跟"叔"同音,本义是豆子。"叔"的右半部分的"又"字是手的意思。"未"和"又"左右两部分合在一起,就表示用手摘豆子的意思。所以,"叔"是一个形声兼会意的字。

在著名的《诗经·七月》这首诗里,有一句诗"九月叔苴"。这句诗说的是上古时的农民在秋天九月的时候去采苴麻的籽儿来吃。这里的"叔"用的就是造字的本义。现在"叔叔"这个词表示爸爸的弟弟,应该是假借的结果。

金文"叔"字

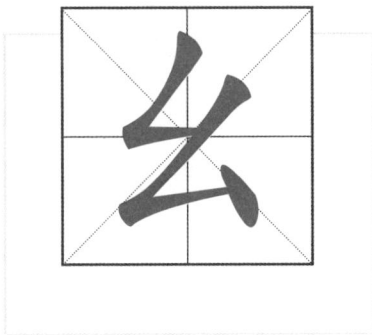

除了"季",还有一个字指兄弟姐妹中排行最小的那一位。从前,在兄弟姐妹多的家庭中,亲人对最小的弟弟或者妹妹有特别的称呼,比如"老疙瘩""老幺"。如果你仔细观察就会发现,老幺的"幺"字就是"幼儿园"的"幼"字的左半部分,"幺"就是"幼"的声符。声符常常会体现字词的本义。我们由此可知,"幺"就是幼小的意思。

季

金文"季"字

　　"季"的意思跟"幺"很接近。我们仔细观察"季"的古汉字字形，上面是"禾苗"的"禾"，下面是"孩子"的"子"，"子"的字形，就像一个匍匐在地的幼儿。把"禾"跟"子"合在一起，当会意字用，表示的意思是庄稼幼苗。这个意思还产生了一个同源分化的汉字——"幼稚"的"稚"。"季"和"稚"的古音基本相同，两个字都可以表示幼小的意思。

　　既然"季"是老幺的意思，那么"季节"这个说法是怎么来的呢？同样跟老幺有关。在古代，春、夏、秋、冬也有排行。古人把一年十二个月按照四季平均分配，一个季节就占三个月。这三个月依次用"孟""仲""季"三个字表示。比如，四、五、六三个月对应夏天，就有"孟夏""仲夏"和"季夏"。春、夏、秋、冬都以"季"来收尾，久而久之，就形成了"四季""季节"等说法。

　　我们刚才提到了一个成语"伯仲之间"，它是用来形容一种水平相当的竞争关系。"叔"和"季"凑在一起也衍生出一个成语叫作

"叔季之世"。这个成语可不是小字辈的时代的意思，而是表示这世道不行了，走向末路了。我来造个句：甲午战争惨败之后，清政府的统治进入了叔季之世。我们利用刚才叔季排行的知识，就很容易理解这个成语的意思。"叔"是从老大的地位逐渐走向衰落的过程，而"季"才是真正的末路终点。

词性解析

伯

1. 名词，通"霸"，春秋时诸侯的首领，读 bà。
五伯、伯气（霸气）。

2. 动词，称霸，读 bà。
《荀子》："……用万乘之国，则举错而定，一朝而伯。"

3. 名词，十的十倍，读 bǎi。
《汉书》："……亡农夫之苦，有仟佰之得。"

4. 名词，通"百"，百倍，读 bǎi。
《老子》："使有什伯之器而不用……"

5. 名词，北方女人对丈夫哥哥的称呼，读 bǎi。
大伯子。

6. 名词，本义，排行老大，读 bó。
伯兄、伯姑妈。

7. 名词，父亲的哥哥，读 bó。
大伯、伯父。

8. 名词，古代对年龄较长的男子的尊称，读 bó。

《诗经》："载输尔载，将伯助予！"

9. 名词，古代女子对丈夫的尊称，读 bó。

《诗经》："自伯之东，首如飞蓬。"

10. 名词，古代统领一方的长官，读 bó。

《礼记》："……分天下以为左右，曰二伯。"

11. 名词，古代五等爵位的第三等，读 bó。

《左传》："秦伯素服郊次，乡师而哭……"

| 49 |

有功曰"祖"，
有德曰"宗"

在中国古代，祖先崇拜是一种根深蒂固的文化现象。我们时常可以在老百姓的俗语里找到祖先崇拜的影子，比如某家人遇上了好事，有人就会对他们说："这是因为你们家祖上积德了。"甚至还有更夸张的说法——祖坟上冒青烟了。按照这些说法，生活在久远年代的祖先仿佛一直在保护着我们。

中国礼仪之争

中西文化的第一次激烈冲突就跟祖先崇拜有关。

明朝的时候，欧洲的天主教传教士来到中国。到了清朝以后，关于敬拜祖先和敬拜上帝这两者之间是否存在矛盾的话题引发了激烈的争论，甚至引起了康熙皇帝的注意。

当时罗马的天主教廷下令禁止中国的教徒祭祖。康熙皇帝得知此事非常不满，于是在 1721 年下旨禁止天主教在中国传教。在历史上，这个事件被称为"中西礼仪之争"。

我们从这场历史风波就能看出来，祖先崇拜是中国文化既独特又重要的组成部分。

我曾在本套书的其他篇章中讲过"礻"和"衤"的区别。"祖"字里有"礻"，而"宗"字的字形则是"宀"下一个完整的"示"字。我之前讲过，"礻"大多跟天地鬼神有关系，祖先也一向被先民们当成崇拜的对象，因此"祖"和"宗"这两个字里才都有一个"示"。

那么，这个"示"字究竟表示什么神奇的东西呢？在讲"祖"和"宗"之前，我必须先把"示"字的故事给你讲明白。

《说文解字》是这样解释"示"这个字的："天垂象，见 (xiàn)
吉凶，所以示人也。"这句话的意思是说，"示"就是天把吉凶的征
兆显示给人看的意思。

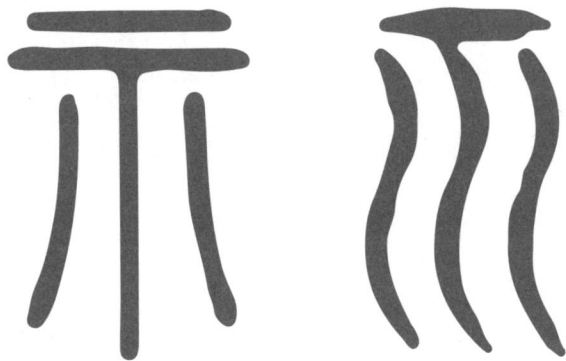

小篆体"示"字　　　　　古汉字"示"

上图是《说文解字》里"示"字的小篆和古文的写法：上面的
横画代表了天，下面的竖画分别代表高悬在天的日、月、星，这就
代表天文星象可以显示人世间的吉凶命运。

《说文解字》的解释反映的是东汉人的信仰体系。如果我们看更
古老的字形，就会发现另一番光景了。

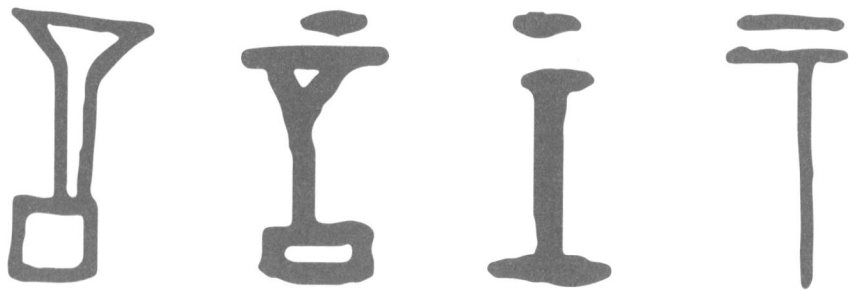

甲骨文"示"字

上面的这组插图展示了甲骨文"示"字的四种写法，这四个字展现出"示"字逐渐简化的过程。我们能看到最早的"示"字底下并没有左右两笔。从字形上看，"示"是一个象形字，好像一根高高耸立的杆子插在一个底座上，杆头还顶着一样东西。这是什么东西呢？有的文字学家从"祖""宗"这两个字出发，认为这就是祭祀祖先时用的神主牌，也就是俗称的"牌位"。不过，"示"的字形并不太像我们熟知的牌位。当然，我们不能用现在的认知来限定古人的发明。

别的文字学家也提出了"示"字象形的不同解释，这种解释认为，"示"字的象形古汉字可能类似满族敬神的索伦杆。

索伦杆是什么东西呢？我在本套书中的其他篇章曾讲过大清皇帝崇拜乌鸦的故事，在沈阳故宫和北京故宫里都有清皇室喂神鸦的木杆子。这种杆子就叫"索伦杆"，也叫"神杆"。

满族索伦杆的形状跟甲骨文的"示"字还真有几分相似。可是满族的风俗跟古老的甲骨文怎么会有关系呢？这一点还真不好说。满族发源于中国的东北，而考古学家研究发现，殷商文化的起源地

索伦杆,清代,沈阳故宫博物院藏

之一应该是在辽宁和内蒙古交界的燕山山地,所以殷商也是从东北入主中原的。

玄鸟生商

《诗经·商颂·玄鸟》是一首讲述商人起源的史诗。这首诗的第一句是，"天命玄鸟，降而生商"。这句诗里的"玄鸟"，在古书中被解释为燕子。"玄"字原本是黑的意思。可是，燕子只有背上的羽毛是黑的，肚子上的羽毛却是白色的，而乌鸦的羽毛浑身都是乌漆墨黑的，更接近"玄鸟"。

另外，更加重要的一点是，传说商人的祖先契是他母亲简狄吃了玄鸟的蛋以后生下的。在古代的东北亚地区，吞食鸟卵而生子是流传很广的民族起源传说，比如朝鲜族就有与"玄鸟生商"非常相似的先祖降生的神话。这些神话的共同特征表明，甲骨文中保存着古代东北亚民族的信仰遗迹。

甲骨文"示"已经作为商人祖先名号来使用了，比如考古学家发现甲骨文里的商王有两位祖先，分别叫"示壬"和"示癸"。"祖"也是商王祖先名号中的常用字，比如"祖丁""祖甲"。这些名号中的"示"和"祖"都是尊称，而是否存在更细微的区别还在研究之中。

祖

甲骨文的"祖"字如果不加上"礻"，就是一个孤零零的"且"

甲骨文"祖"字

字。文字学家发现，这个"且"字逐渐演化出了脚。这两只脚不是指用于走路的脚，而是指桌子的腿。其实，这长脚的"且"就是后来"人为刀俎（zǔ），我为鱼肉"中的"俎"字。

"刀俎"的"俎"，就是切肉用的小砧板。"俎"怎么会跟祖宗、祖先发生联系呢？这是因为"俎"并不是普通的切菜板，而是古人祭祀神明、祖先的重要道具。古书里有这样一句话，"鸟兽之肉，不登于俎"，意思是从野外抓来的鸟兽的肉是不配放在俎上用于祭祀的，摆在俎上的肉必须是精心饲养的牛羊之类的家畜才行。

金文"俎"字

孔子周游列国，抵达卫国后，卫国国君卫灵公想向孔子请教怎么打仗。孔子回答说："俎豆之事，则尝闻之矣；军旅之事，未之学也。"所谓"俎豆之事"，指的就是祭祀礼仪。孔子是在劝卫灵公要以礼治国，轻易不要打仗。我们从孔子用"俎豆"来代表祭祀礼仪的细节，可以看出俎在古人心目中的地位还是比较崇高的。俎是盛祭祀用的肉的，而享用俎上祭品的就是古人的祖先。"祖"就是这么跟一块砧板发生联系的。

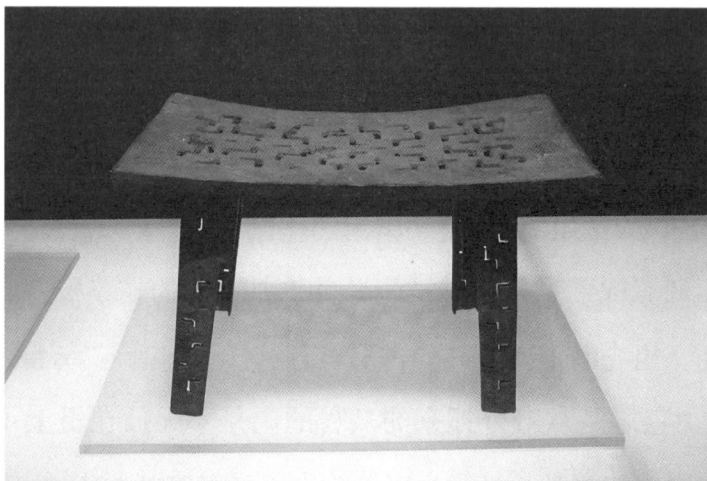

镂空龙纹铜俎，春秋，河南博物院藏

我们已经学过"宗"字中的"宀"了，知道这个偏旁是从房子的象形变化而来的。既然"示"代表神明祖先，那么"宗"字是把"宀"和"示"这两个字形合在一起，表示祖先住的房子，是一个会意字。《说文解字》是这样解释的："宗，尊祖庙也。""宗"字的本义，就是祭祀祖先的宗庙。既然"祖"和"宗"的本义不一样，那么后来的古人为什么要把"祖"和"宗"并称呢？

甲骨文"宗"字　　　　金文"宗"字

我要回答这个问题，就又要讲一个关于家族宗法、礼乐文明的总设计师周公姬旦的故事了。虽然在殷商甲骨文中，"祖"和"宗"都出现了，但真正代表后人所理解的"祖宗"的意义，却是在周公

确立宗法制度的时候。周公在宗法制度中规定这两个汉字具有这样
的意义。

周天子家的分封和分宗

以周天子家为例，西周的天子和很多诸侯都是亲戚，比如周文
王和王后太姒生了十个儿子，大儿子伯邑考死了，就由二儿子姬发
继承王位，天子之位由嫡子嫡孙代代相承，而不能继承王位的王子
们就成了各方的诸侯。天子和这些诸侯的共同祖先就是周文王。

天子分封弟兄为诸侯，从家族内部来讲，其实就是分家，只不
过这种分家不仅要分土地、人民，还要分祭祀的祖先。比如周公的
儿子伯禽被天子分封到鲁国，周公的子孙以后就把周公当成鲁国的
祖先来祭祀，周公就成了鲁国这一宗的祖先。

古代把这种分家叫作"分宗"，意思是要改变一下祭祀祖先的宗
庙了。诸侯家儿子多，也要分家。分家出去的就成了卿大夫，他们
自立门户，成为自己这一宗的祖先。这些分了家的"宗"，根据原来
是嫡子还是庶子的地位差别，又被称为"大宗"和"小宗"。比如天
子和诸侯相比，天子家是大宗，诸侯家是小宗；但诸侯跟卿大夫相
比，诸侯是大宗，卿大夫是小宗。无论大宗还是小宗，他们既有一
个共同的远祖，又有自己分宗独立的祖先。

"祖宗"这个叫法，"祖"字就是共同的远祖，"宗"字就是每一

宗分家独立时的第一位祖先。这就是"祖宗"一词的历史来源。到
了汉代，古人在讨论皇帝死后称呼的时候，又产生了"有功曰祖，
有德曰宗"的说法，从此它就成为流传千古的定论。

词性解析

示

1. 动词，显现、表示。

《史记·廉颇蔺相如列传》："王不行，示赵弱且怯也。"

2. 动词，指示，刻意地让人知道。

《资治通鉴》："权以示群下，莫不响震失色。"

3. 动词，暗示。

《史记·项羽本纪》："范增数目项王，举所佩玉玦以示之者三，项王默然不应。"

4. 动词，命令。

请示、示下。

5. 名词，昭告众人的消息。

公示、告示。

6. 名词，对别人来信的敬称。

惠示、赐示。

汉字中的
尊老精神

尊老爱幼是一个社会应有的良好风俗。在中国，古人在几千年前就把尊老确立为中华优良传统了。

在这一篇中，我们就来一起了解汉字中的尊老精神。

传说，周朝之所以能够推翻殷商的统治，一个原因就是周文王还是诸侯西伯的时候，非常重视在自己的领地里推行尊老养老的政策。天下人都知道"西伯善养老"，所以很多贤人，比如后来成为周朝第一谋臣的姜尚姜太公，都不远千里来投奔周文王。周文王善养老，由此积累的功德为日后推翻殷商奠定了人心的基础。

"老"字从甲骨文到隶书的演变过程

"老"是一个象形字。上面这组插图显示的是"老"字从殷商甲骨文一直到汉代隶书一千多年的字形变化。追根溯源，"老"的字形原来就是一个挂着拐棍的人形，它的头上还有长长的头发。我们一起来研究，看看这字形里的头发和拐棍都代表什么吧。

老年人往往腿脚不便，因而"挂拐棍"在很多文明里都被当成老年人的行为。古希腊著名的斯芬克斯之谜是这样发问的："什么东西早晨四条腿，中午两条腿，而到了晚上就变成三条腿了？"这个谜语看似简单，却形容了人的一生——人在婴儿时四足爬行，成年时双足行走，晚年时把挂着的拐棍当第三条腿。看起来，这似乎是全世界老人的共同特征。但是，在中国文化中，老人手里拿着的拐棍可不是普通的辅助行走的工具，而是大有来头的身份象征。

《礼记》：七十而致仕

古书《礼记》中有这样一个观点：天子的大臣到了七十岁就应该致仕。"致仕"的意思是把自己的官职归还给天子，相当于今天的退休了。天子如果认为这位大臣特别重要，要挽留他在朝廷继续任职，就要赐给这位大臣两样东西，一样是方便在朝廷上跪坐、倚靠的小扶手，另一样就是拐杖。所以在古人眼里，拐杖不仅仅是老人站立、行走时的辅助工具，更是一种受到天子优待的荣誉象征。

拐杖象征的特殊身份还不仅仅体现在朝廷上。古人的平均寿命没有现代人高，所以《礼记》里面还提到了一般人到了五十岁的年纪，可以在家中挂拐杖；到了六十岁，在乡里活动，比如参加节庆、祭祀的时候，也允许挂拐杖；到了七十岁，可以在国君所在的都城拄拐杖行走；到了八十岁，要是有到朝廷上见天子的机会，也可以拄拐杖去。到了九十岁，估计老人实在走不动了，天子如果要向老人咨询什么掌故见闻，就得亲自到老人家里去了。所以在先秦时代，拐杖是一种赋予年岁渐长的老年人的特殊福利，彰显了尊老养老的社会风尚。

鸠杖——古代尊老爱老的象征

到了汉代，朝廷把这种老人拄拐杖的社会风俗正式规定成了法律。不管是在朝廷还是在民间，人只要到了七十岁，就会获得一根国家授予的手杖。这根手杖的顶上装饰着一只鸽子。在古代，鸽子叫作"鸠"，所以这根手杖就叫"鸠杖"；又因为是天子所赐，所以有一个别名叫"王杖"。现代考古学家在很多汉代的古墓中都发现过鸠杖，这些都是当时高寿老人的随葬品。汉代法律规定，官府要为拿到鸠杖的老人发放粮食，如果有人敢欺负这些老人，一律算藐视天子，以大逆不道论处。这听起来有点儿像评书《杨家将》里佘老太君上打昏君、下打谗臣的龙头拐杖，不过，龙头拐杖是评书艺人的虚构，而鸠杖却是实实在在的汉代尊老制度的象征。

那么这根朝廷发的拐杖上为什么要安一只"鸠"呢？这个问题的答案就有些复杂了，我查了查古书，有三种不同的解释：

第一种解释说的是《周礼》规定官府在春天的时候把抓来的鸠鸟送给老人加菜，汉代的鸠杖反映的就是周代的这一风俗。

第二种解释来自《后汉书》：原来鸽子这种小鸟有个很棒的生理特点——吃东西不会噎着，而人上了年纪有两件事需要特别注意，那就是走路防跌，吃饭防噎，所以鸠杖寄托了政府希望老人身心安康的美好祝愿。

第三种解释来自东汉的《风俗通》：据说刘邦跟项羽争夺天下的时候打了败仗，逃亡途中为了躲避追兵，只好藏匿在一片灌木丛中。追兵赶到的时候，发现一群鸠鸟正停在灌木上喳喳叫。追兵都以为鸟怕人，如果有人躲在那里鸟早被吓跑了，于

棕竹镶白玉鸠首杖，清代，
中国国家博物馆藏

是就放弃了搜索。刘邦因此捡回条小命。为了纪念这次死里逃生，刘邦当了皇帝后就把鸠杖规定为尊老的标志了。

古书里的说法都近乎传说，或许汉代朝廷设置鸠杖的真正原因来自"鸠"这个字的读音。"鸠"字跟"天长地久"的"久"字的读音很近，汉代人大概是用谐音来祝福老人们可以活得长长久久吧。

以上就是关于"老"字的象形中有拐棍的原因了。

接下来，我们一起探究"老"字的象形里为什么还要专门画一绺长头发吧。原来，按照中原地区的古代风俗，人是不理发的，这种风俗的产生比儒家后来倡导的"身体发肤，受之父母，不敢毁伤"的观念还要早得多。在古代，剪短头发的人，要么是南方的"蛮

夷"，要么就是犯了罪的刑徒。另外，你知道小孩儿为什么又叫"儿童"吗？"童"的本义是形容山头上光秃秃的，没有草木。小孩子的头发还没长长，脑袋就跟草木稀疏的小山包似的，所以也被叫作"童"。人如果一辈子不剪头发，那么到了老年，头发当然就特别长啦。

《说文解字》是这样解释"老"这个字的："老，考也。"我想你学写字的时候可能也觉得，"老"和"考"这两个字是有点儿像的。其实在古代，"老"和"考"就是一个字。这是怎么回事呢？

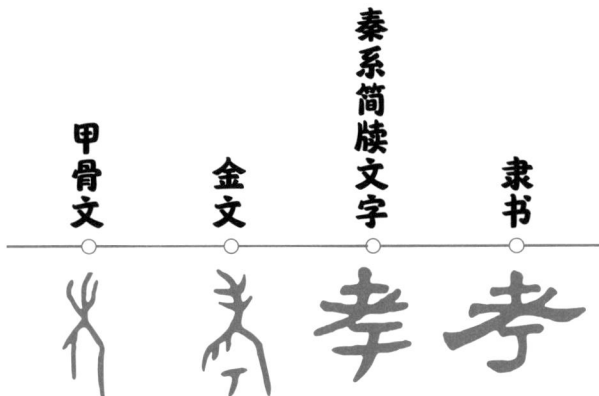

古汉字"考"的演变过程

"考"跟"老"字一比，原来就是"拐杖"的形状稍稍发生了改变。"考"的本义就是"老"。在文言文里，"长寿"的"寿"和"考"经常并称为"寿考"，表示长命百岁的意思。此外在古汉语中，"考"还常常表示父亲的意思，比如屈原的《离骚》里有这样一句话："朕皇考曰伯庸……"这句话里的"皇考"就是指父亲。不过后来的儒家经典《礼记》规定："生曰父，死曰考。"从此"考"就专指已经过世的父亲。我们在现在的墓碑上，还能看到人们使用"先考"来代称已经去世的父亲。父亲是家里的长辈，称作"老"没问题；在口语中，"老"有时也是去世的委婉说法。这些意思和用法跟"考"都是息息相关的。

和"考"字的字形相似的还有"孝"字。在古汉语里，"考"和"孝"的读音也非常接近。我们刚才已经了解"老"和"考"同源，其实"孝"跟"老"也有千丝万缕的关系。"孝"原本就是儒家倡导的服从和奉养老人的行为嘛，所以"孝"就是养老的意思。

说到中华传统文化中的孝道，我要破除一个迷信：从前有一种说法是，中国的传统孝道就是子女对父母的无条件服从，甚至有"君要臣死，臣不死不忠；父要子亡，子不亡不孝"的说法。在古代，这种愚忠愚孝固然存在，但并不是传统美德的原貌。更何况，我们如果翻遍儒家经典，就会发现根本没有"父要子亡，子不亡不孝"的说法。这句话其实是《西游记》里的猪八戒"首创"的。我们可不能拿猪八戒的猪嘴来歪曲传统美德。

曾参耘瓜

孔子对孝有一个非常生动的教导。传说孔子的学生曾参是个大孝子，他不仅是传统"二十四孝"人物之一，还是儒家经典《孝经》的作者。曾参有一次在瓜田锄草，不小心把瓜蔓子给锄断了。曾参的父亲一看就火了，操起一根大棍子就揍曾参，直接把曾参打晕了。曾参好不容易清醒过来，第一件事不是检查伤口，而是赶紧问候老爸："您刚才发那么大火，没气坏身子吧？"曾参一点儿都不敢违逆父亲，大家都夸他是大孝子。可老师孔子听说这事就批评曾参："你怎么这么蠢？如果你父亲真把你打死了，是要吃官司的，你这不是陷父亲于不义吗？父亲用小树枝打你，你受两下就算了；拿大棍子打你，你还不赶紧跑？"

看，孔子是个多么灵活的人！真正的孝道不是一味地逆来顺受，尊老敬老的孝道文化不仅仅是一种美德，同样也包含着处世应变的智慧。

词性解析

▼

老

1. 形容词，年龄大的。

《后汉书》："丈夫为志，穷当益坚，老当益壮。"

2. 形容词，经历了很长时间的。

老房子、老朋友。

3. 形容词，经验丰富的、娴熟的。

老练、老辣。

4. 形容词，厚的。

老茧、老着脸。

5. 形容词，非常大的。

费了老劲儿。

6. 形容词，排行在最后的。

老疙瘩、老闺女。

7. 名词，处于晚年的人。

老夫人、老太太。

8. 名词，敬词。

老板、老师。

9. 名词，代指父母。

《孟子》："老吾老，以及人之老。"

10. 名词，老子及其哲学的省称。

老庄。

11. 动词，死。

《红楼梦》："……现今还是有香火地亩布施，以备京中老了人口，在此便宜寄放。"

12. 动词，敬爱。

《孟子》："老吾老，以及人之老。"

13. 动词，变老。

《左传》："臣之壮也，犹不如人；今老矣，无能为也已。"

14. 副词，用在动词之前，表示经常发生这种动作。

你别老跟着我。你老是迟到！

15. 副词，用在形容词之前，表示"很""非常"。

他走了一段老长的路。他花了老多钱。

16. 副词，用于表示很长时间。

老长时间没来啦。

17. 前缀，加在称谓之前，表示亲热。

老弟、老爸、老张。

18.前缀，加在兄弟姐妹排行之前。

老大、老二。

19.前缀，加在动物、植物之前。

老鼠、老玉米。

51

"儿""子"
不是一回事

我们在上一篇中讲了汉字中的尊老故事，在这一篇中就要接着讲讲爱幼的话题了。我就挑"儿"和"子"这两个笔画简单的汉字作为切入点，带你了解汉字中隐含的丰富意义。

在现代语言中，"儿子"是一个固定的词，翻译成英语就是 son。但是在古汉语里，"儿"是"儿"，"子"是"子"，它们是完全不同的意思。

"鲁国不可攻"

西汉的一本书《说苑》，记载了这样一则故事：战国时，齐国派兵去攻打鲁国。鲁国老百姓纷纷逃难，躲避战火。齐国大将远远看见路上有一个鲁国的妇女，怀里抱着小的，手里拽着大的。这个女子眼看大军前锋要追上他们了，突然放下小儿，抱起大儿赶紧跑。齐国大将很奇怪，派了个使者追上去问这女子："你为什么要调换怀里抱着的孩子？"女子说："大儿是妾身丈夫大哥家之子，小儿是妾身之子。救大哥之子是公义，救妾身之子是私义。危难之时，我只能为了公义而舍弃私义了。"齐国大将听了这番话，心里很不是滋味，干脆撤兵回国禀告齐王："鲁国还不能打，一个小女子尚且如此仁义，更何况鲁国朝廷的大臣呢？"

请注意，这个故事里的"儿"和"子"的用法是分开的，"儿"是小孩子的统称，而"子"才是儿子的意思。这两个字的意思不能混淆，否则会闹出麻烦来。

东汉的时候，有个著名的人物叫祢（mí）衡。他虽然才华横溢，却狂妄自大、牙尖齿利，连曹操都敢骂。历史上著名的典故"击鼓骂曹",讲的就是祢衡骂曹操。有人问祢衡:"你觉得京城里有哪些了不起的人物啊?"祢衡口气很大,说:"大儿孔文举,小儿杨德祖。"祢衡口中的"大儿""小儿"是什么意思呢?是现代语言中儿子的意思,还是问句中提到的"了不起的人物"的意思呢?都不是。其实,他只是轻蔑地把孔融和杨修比作小孩儿,并不是说孔融和杨修都是他的儿子,或者都是什么了不起的人物。

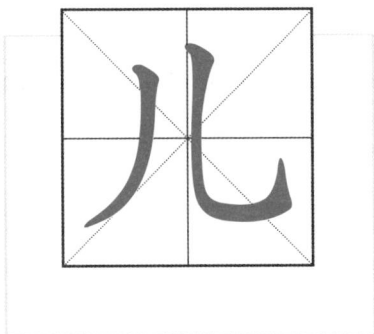

"儿"的古汉字字形就是一个小孩儿的样子。

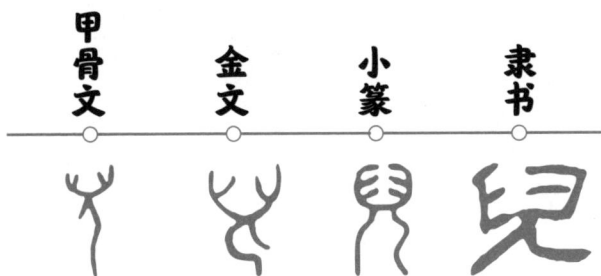

"儿"字从甲骨文到隶书的演变过程

上面这组插图是繁体字"兒"从甲骨文到隶书的字形发展过程。

你可能认为，这字形看不出是小孩儿。甲骨文的"兒"字的头上顶着两只角，倒是跟游戏里的牛头怪有点儿像。但是《说文解字》的作者许慎解释"兒"这个字的上半部分，却有另一种独特的说法：这是在象形小孩儿天灵盖还没有长好的样子。

婴儿刚出生的时候，为了给飞速发育的大脑预留空间，头盖骨是软的，天灵盖不弥合。随着年龄增长，几块头盖骨才长到一起。头盖骨交会的地方叫作"囟门"。《说文解字》就是根据人类婴儿的这个生理特点来解释"兒"的象形意义的。

但是，从甲骨文来看，这囟门似乎开得比脑洞还大。后来的文字学家又提出一个新的解释："兒"字像角的上半部分，确实是两个角，但不是牛、羊长的那种犄角，而是古代儿童的一种发式。古人在成年以前，无论男女都可以在头顶一左一右抓两个鬏儿，这种发式叫"总角"。

古代幼童的"总角"发式，惠山泥人

《礼记·内则》里说，早晨鸡鸣后起床，未成年的男孩儿、女孩儿梳头都梳成总角的发式。古人就是模仿儿童特有的总角发式，造出了"兒"这个象形字。

甲骨文"子"字

"子"也是一个象形字，字形很简单，但是它却有很多深刻的内涵。你知道古人为什么把自己生育的后代称为"子"吗？为什么"文字"的"字"要写成"宀"下面一个"子"呢？

"子"跟"儿"的意义不同，在古汉字里有生动的体现。我们要弄明白"儿子"的"子"和文字的"字"的关系，就必须先了解另外一个字——生育的 "育"。

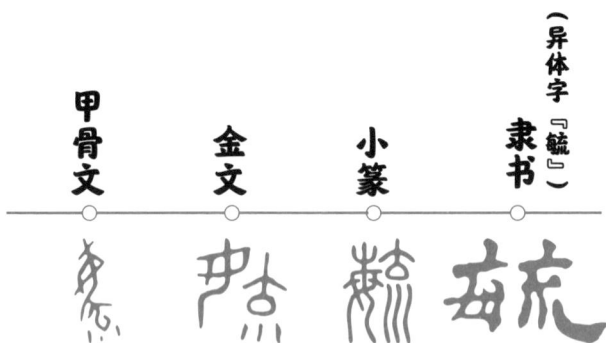

甲骨文　金文　小篆　隶书（异体字『毓』）

古汉字 "育" 的演变过程

在古代，"育" 有一个繁体的写法——"毓"。繁体的 "毓" 是个会意字。我们通过插图来仔细观察 "毓" 的古汉字字形。"每" 其实就是 "母亲" 的 "母"，右边这个 "流" 的一半，是一个大头朝下的 "子"。宝宝从妈妈肚子里生出来的时候，正常情况是脑袋先出来。"子" 下面的三个点，可能代表的是羊水破裂。孕妈妈只要羊水一破，就必须生产了。你看，"毓" 这个字生动地再现了婴儿出生的情况。我们通过观察这个字的古汉字字形可以很明白地看出来，从母亲肚子里生出来的不是"儿",而是"子"。

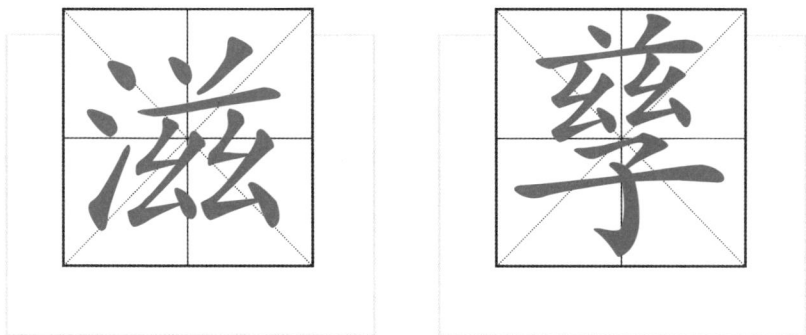

滋

孳

"子"这个字的读音也特别有讲究。《说文解字》里这样说："子"的读音代表的是"万物滋生"的"滋",本身就是生长、繁育的意思。还有另一个字可以表达生长、繁育的意思——"孳（zī）"。这个字可以组成一个词语——"孳乳",本义就是动物繁育后代。"孳"的本义也被古人用来解释文字是怎么产生的。

文

《说文解字》是这样解释仓颉造字的基本原理的：仓颉最初造的字都是象形字,类似画画造出来的字被称为"文"。"文"也有花纹、纹样、纹理的意思，所以"文"的主要意思是画画。

字

　　而"字"就不一样了，《说文解字》里说"形声相益"才叫作"字"。这是什么意思呢？比如表示生孩子的"毓"字，字形里面既有"母"也有"子"，"母"和"子"都是象形字，把这两个象形字叠加在一起就叫"相益"。在古汉语里，"益"就是增加的意思。当然除了加形旁，也可以加声旁。把不同的形声部件相互组合，这就好比动物阴阳交配，繁育出大批的后代。《说文解字》把文字形声相益的造字过程称为"孳乳"，就是刚才讲的"孳乳"一词的本义。我们现在用的"汉字"的"字"，就是从"孳乳"的意义变来的。

　　有个形容没有出嫁的女孩儿的成语——"待字闺中"。这个成语里的"字"也是孳乳、生育的意思。"待字闺中"说的就是姑娘还没有结婚，在娘家等着将来结婚生孩子的意思。

词性解析

儿

1. 名词，本义，幼儿。

《列子》："孔子东游，见两小儿辩斗。问其故。"

2. 名词，代指父母所生的子女。

儿孙满堂。

3. 名词，父母对儿子的称呼。

《清平乐·村居》："大儿锄豆溪东，中儿正织鸡笼。"

4. 名词，男青年。

儿郎、好男儿。

5. 名词，青年。

健儿。

6. 名词，在父母面前子女的自称。

《玉台新咏·古诗为焦仲卿妻作》："兰芝惭阿母：'儿实无罪过。'"

7. 名词，古代女子的自称。

《乐府诗集·木兰诗》："可汗问所欲，木兰不用尚书郎，愿驰千里足，送儿还故乡。"

8. 后缀，多出现在北方口音中的儿化音。

兔儿爷、哥们儿。

52

汉字中的亲属关系

在现代汉语中，亲属的名称花样繁多，有点儿复杂，要是想将表示亲戚的英文单词翻译成中文，还得多斟酌一下呢。比如英文单词 uncle 既可以翻译成"舅舅"，也能翻译成"叔叔"；aunt既可以翻译成"姑妈"，也能翻译成"姨妈"。但如果跟先秦两汉时期的亲属称谓比起来，现代汉语的亲属称谓已经算是很简单的了。《尔雅》是一部古代辞典，里面有一章是专门讲亲属称谓的。我曾经粗算过，这一章记录的各种亲戚的叫法大约超过了九十种！这个数字是不是吓了你一跳？古人的亲戚真的有这么多吗？我就从"亲"和"戚"这两个汉字入手，带你弄清楚汉语中五花八门的亲属称谓都是怎么来的。

"六亲"与父系社会

人类繁衍生息，家族越来越壮大，这是一个非常自然的过程。据说在孔子的家谱里，被记录在册的后代现在已经超过150万人了。当然，在如此庞大的家族里，不可能人人都是亲戚。从传统定义上讲，虽然这150万人有一个共同的祖宗，但他们中的大部分人彼此没有亲戚关系，或者也可以算是"八竿子打不着的亲戚"。我们已经了解"祖"和"宗"的分别，明白家族分宗立派以后，关系就越来越远，正如俗话说的"一代亲，二代表，三代全不晓"。对一个人来说，最核心的家庭成员主要有六类，就是俗话说的"六亲"或者"六戚"。成语"六亲不认"说的是一个人翻脸不认人，就算是最亲的人来了都不给面子。这"六亲"到底是指哪些人呢？古书里有两种主要的说法。

第一种说法出自西汉贾谊的《新书》。"六亲"包括六种亲属：一指父亲；二指亲兄弟；三指堂兄弟；四指堂兄弟的后代；五指堂兄弟后代的后代；六指堂兄弟后代的后代的后代，也就是族兄弟。族兄弟的后代就不再算在"六亲"里了。贾谊说的这"六亲"，是从父子兄弟的亲缘关系出发组织起来的亲戚网络，这与古代宗法制的关系紧密。后来的儒家学者也总是把这"六亲"当成父系家族组织的基础。

如果说儒家的"六亲"定义是正统的说法，那么另一种"六亲"的定义就非常贴近日常生活了。包括《左传》《吕氏春秋》在内的很多古书都把"六亲"定义为父、母、兄、弟、妻、儿这六类，也就是我们现在普遍认同的直系亲属。

无论"六亲"指哪些亲戚，人与人之间的关系中只要出现"亲"字，就表示他们的关系非比一般，要么有血缘关系，要么有婚姻关系。

外举不避仇，内举不避亲

这是春秋时期的一个典故。晋平公问大夫祁黄羊："现在南阳这个地方缺一个长官，你有什么推荐的人选吗？"祁黄羊说："解狐这个人可以胜任。"晋平公奇怪地问："解狐不是你的仇人吗？"祁黄羊回答："您刚才问的是谁能当南阳的长官，没有问谁是我的仇人啊。"过了一段时间，晋平公又问祁黄羊："国都缺少一位负责守卫的将军，你有什么推荐的人选吗？"祁黄羊说："祁午可以胜任。"

晋平公奇怪地问："祁午不是你的儿子吗？"祁黄羊说："您刚才问的是谁能胜任国都的守卫，没有问谁是我的儿子。"祁黄羊推荐的解狐和祁午果然都是杰出的人才，他们的工作深得晋国上下的称赞。孔子都曾夸赞祁黄羊："外举不避仇，内举不避亲，真可谓大公无私。"这里的"亲"指的就是祁黄羊的儿子祁午。

但是，"亲"和"戚"这两个字的来源却跟家族血源没有特别大的关系，我们一起从古汉字里找找其中的缘由吧。

旁边这幅插图是一个周代金文的"亲"字。这个字形的左半部分很像现代简体字"亲"，但好像比"亲"字又少了点儿什么。其实这个金文是"辛"字，作为繁体字"親"的声旁。现代简体字"亲"，就是在"辛"字底下接了一个"木"字当形旁，本义是指一种栗子树。我们再看金文的右半部

金文"亲"字

分：一个"人"顶着一个"目"，这个字就是"見"。这个字跟亲戚有什么关系呢？

有文字学家解释，"親"本来表示的是亲自考察、眼见为实的意思，所以字形里就有一个"见"，表明透彻地了解一件事情或一样东西。我再解释得直白一点儿就是，"親"就是在象形一个人凑得特别近地看东西的样子。"親"字有凑近、靠近

金文"亲"字

的意思，而亲戚则是指跟我们关系很近，甚至住在一起的人，那么"親"字就逐渐引申出了亲人、亲戚、亲密的意思了。古人为了造出能够表示住在一起的汉字，就在"親"字上面加了一个代表房子的"宀"呢。

在现代的口语中，"亲"字还有用嘴唇去贴近的意思，这就跟古汉语"親"字的本义差不多。

"亲"有靠近、凑近的意思，"戚"字的意思也差不多。不过在古汉字里，"戚"最初还是一样挺可怕的东西呢。

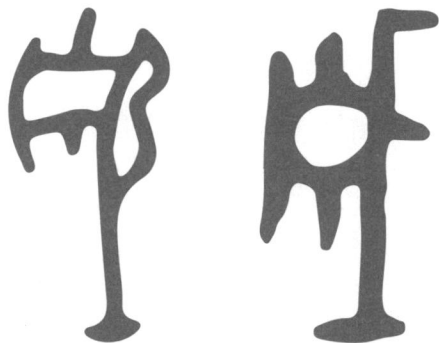

甲骨文"戚"字

甲骨文的"戚"字像不像一柄大斧头？没错，"戚"字本来就是一样武器。《山海经》里著名的怪物刑天，被天帝砍掉了脑袋，还继续挥舞着手里的干和戚，一点儿不肯屈服。在古汉语里，"干"指的是盾牌，而"戚"就是一种边上带锯齿的斧头。下面这幅插图左上角展示的文物是考古实物"戚"。

玉器，西周早期，中国国家博物馆藏

"戚"既然是一把大斧头，那么"亲戚"就是"斧头帮"？你别想多了，"戚"字这个"斧头"的本义太专门了，很少用得到。在古汉语里，古人早就用"戚"这个字的读音去表示别的意思了。比如成语"心有戚戚"中的"戚戚"说的是内心有很深的触动，描述的是一种心理活动，跟斧头没有半点儿关系。宋代女词人李清照的《声声慢》里有这样一句话，"寻寻觅觅，冷冷清清，凄凄惨惨戚戚"。这句话里的"戚"就是内心愁苦的意思。在古汉语里，"戚"除了表示内心活动，还有接近、靠近的意思，跟"亲"字一样。

《吕氏春秋》识人大法——考察"六戚"

先秦时期，世袭贵族开始没落，科举制还没有问世，君主提拔靠谱的人才难度加大。《吕氏春秋》针对这一情况，为君主总结了一套经验，其中一条就是考察一个人的六戚。这里的"六戚"指的就是我们刚才说的"六亲"——父、母、兄、弟、妻、儿。不过，《吕氏春秋》里提到的"六戚"与现代汉语中的"亲戚"还是有一些差别，它主要指跟这个人关系最近的六类人。《吕氏春秋》建议君主通过近距离观察一个人的社会关系网络，来考察他的品格和行为。

传说，上古的圣王帝尧想把天子的位置禅让给大舜。尧为了考察大舜，就把两个女儿娥皇、女英嫁给了大舜。这就是《吕氏春秋》提倡的考察六戚的做法——从与考察对象关系最近的人的角度观察他的一举一动。

三年不走动，当亲也不亲

"亲"和"戚"这两个字，都是从距离很近、关系很近的意思演变来的，跟血缘没有直接的联系。

这个用法还可以跟《西游记》中的一个故事来比一比。唐僧被火云洞的圣婴大王红孩儿抓了，孙悟空打听到红孩儿原来是自己结拜的大哥牛魔王的儿子，一下子高兴坏了，准备上门认亲。这时候，沙僧提醒悟空："师兄，俗话说，三年不上门，当亲也不亲。你和牛魔王都五百年没见面了，人家能认你这个亲吗？"孙悟空不听劝，结果差点儿命丧火云洞。这个故事提醒读者，亲戚关系的根本不在于血缘，而在于亲近的程度。

中国人普遍认为，亲戚要多走动，尤其是过年的时候，大家都要挨家挨户地走访亲戚、朋友。这种风俗就体现了"亲戚"这个词本来的意思啊！

词性解析

亲

1. 形容词，有血缘关系的。

亲妹妹、亲爹。

2. 形容词，关系十分密切的。

《韩非子》："爱臣太亲，必危其身……"

3. 名词，父母。

《战国策》："冯公有亲乎？"

4. 名词，亲密、可靠的人。

《左传》："国君不可以轻，轻则失亲。"

5. 副词，亲自。

《资治通鉴》："每得降卒，必亲引问委曲，由是贼中险易远近虚实尽

知之。"

6. 动词，接近。

《出师表》："亲贤臣，远小人，此先汉所以兴隆也……"

7. 动词，用嘴唇或脸、额接触（人或物），表示喜爱、

友好。

亲吻。

53

"王"与青铜钺

　　这一篇，我们要开启一个新的汉字话题，讲讲那些跟古代的国家、制度有关的汉字。我们首先从古代中国最高统治者的称呼讲起。你可能已经听过、读过很多有关中国历史的书了，知道中国封建时代的王朝最高统治者被称为"皇帝"，而且你可能也知道"皇帝"这个称呼是秦始皇首创的，在他以前——战国以及更早的商周，只有"王"这个称呼。那么你知道先秦之前的最高统治者为什么会被称为"王"吗？秦始皇是从哪里获得的灵感，造出了"皇帝"这个名称呢？现在姓王的中国人最多，跟"帝王"的"王"有什么关系吗？我们一起来探究这些问题的答案吧。

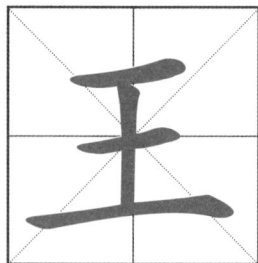

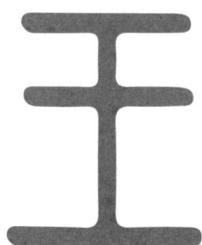

小篆体"王"字

东汉的《说文解字》引用了大学者董仲舒的话来解释"王"的造字原理:"古之造文者,三画而连其中谓之王。三者,天、地、人也,而参(sān)通之者,王也。"这意思是说"王"的三横中最上面一横代表天,最下面一横代表地,当中的一横代表天地之间的人,而中间一竖代表王者就是贯通天地人间的最了不起的存在。这个解释听起来很霸气吧!

但是,董仲舒只是看到了"王"字小篆的古汉字写法,他的解释着实有些坐井观天。如果他能看到更早的甲骨文和金文的"王"字,他给出的解释就很可能没有这么霸气外露了。

甲骨文"王"字   金文"王"字

此话怎讲呢？我们先来看看"王"字的发展历史。上页插图中的四个"王"字，都是殷商时期甲骨文里和青铜器上的写法。第三个是青铜器上的铭文，很像一件叫作"钺"的兵器，是一个象形字。钺就是斧头，请你仔细观察这幅商代青铜钺图，金文的"王"字是不是很像一把钺？

铜钺，商朝，湖北省博物馆藏

青铜器的铭文最早是写在泥做的模具上的，泥的质地软，方便刻画，所以古人就画得比较逼真。而龟甲和牛骨的质地太硬，古人在龟甲和牛骨上刻字的时候，要画出钺弧形的刃就不那么方便了。于是甲骨文"王"字本来圆弧形的底部就拉直变成了一横，再后来斧钺的身体也干脆用一竖来代替。这就变成了从商代一直沿用至今的"三横王"的写法了。

商代的古汉字明白无误地告诉我们，"王"字原来就是一把青铜钺。在殷商时期，"王"已经是最高统治者的称号了，那么大王跟一把青铜钺有什么关系呢？原来在古代，斧钺就是权威、权力的象征。传说周武王在讨伐商纣的大战中，就举着一把金色的斧钺指挥战斗。

扑克牌老 K

这是只有天子才能使用的身份标志。后世的帝王虽然不再手持斧钺了，但是他们在祭天的时候会穿上最隆重的衮（gǔn）服，而衮服上画有斧钺的形状。

不仅中国曾用斧头来象征权威，世界上很多国家都有这种传统。比如扑克牌里的方块 K 画的是古罗马的恺撒大帝，他的手里拿着一把斧头来代表权力。我们由此可以看出，斧头代表权力的传统在欧洲也是根深蒂固。

王子与王姓

斧头代表最高权力，汉字直接用斧钺之形来代表帝王天子，也就是顺理成章的事了。那么这把象征王权的斧钺，后来又是怎么变成百家姓里使用率最高的姓氏的呢？

王姓还真跟王者有点儿关系。传说王姓最早的始祖是周灵王的太子姬晋，古人又称他为"王子乔"。可惜王子乔还没来得及继承王位就早逝了，也有传说他是修仙得道，不愿意留在人间当天子。王子乔的后代子孙，就取了王子乔的"王"当姓氏，后来就成了中国王姓中最大的一支。除了王子乔的后代，战国七雄的齐国在亡国之后，他们的田氏王族流落民间。老百姓因为他们原来是王族，就把他们叫作"王氏"。西汉末年的大奸雄王莽，据说就是齐国王姓的后裔。由此可见，王姓的来源，的确和古代的帝王天子有点儿关系。

皇

从商周到战国，天子都被称为王。后来秦始皇统一天下，认为自己的功劳比谁都大，从前的王不能跟自己相提并论，就取"三皇"的"皇"和"五帝"的"帝"，合二为一，造出了"皇帝"这个尊号，意思是自己的才能、德行相当于三皇五帝加在一起。

这段历史出自司马迁的《史记》。一直以来，大家都觉得"皇帝"的名号是秦始皇首创的，可是文字学家后来发现，其实早在秦始皇之前几百年的一件西周青铜器上就出现了"皇帝"的称号。难道司马迁写的《史记》出了问题？

要解开这个历史谜题，我们得先看看青铜器上的"皇帝"究竟是什么意思。这件西周青铜器上刻的"皇帝"两个字，并不是指人间的帝王，而是周人祈祷能够保佑国家繁荣昌盛的天帝。在《诗经》中有周人祭祀祖先的古代诗篇，经常提到"有皇上帝""皇矣上帝""皇皇后帝"。这些词里的"皇"字，并不是三皇五帝的帝王称谓，而是用来形容上帝特别伟大的词。这个意思也是"皇"字的造字本义。

甲骨文"皇"字　　金文"皇"字　　小篆体"皇"字

在最早的甲骨文里，"皇"是一个形声字。插图里第一个古汉字"皇"，声符"王"写成了斧钺的形状，而另外一边好像头上顶着三毛的形旁，其实是火炬、火把的样子。后来随着字形逐渐简化，"皇"字的上半部变成了一个"白"字，但实际上"皇"跟"白"没有什么关系。

火炬能在黑暗中带来光明,所以"皇"的造字本义就是现在火字旁的"煌"。因此西周青铜器上的"皇帝"这两个字的意思应该是"辉煌的上帝",而不是人间的帝王。

在甲骨文里,我们也能看出"帝"带有天神的影子。现在我们写"帝"这个字,起手的笔画就是一点、一横。可是甲骨文里的"帝",有两种写法:一种顶上是没有点的,另一种就是在顶上加一个短横,现在的点就是从这个短横变来的。这两种写法究竟有什么不同的讲究呢?

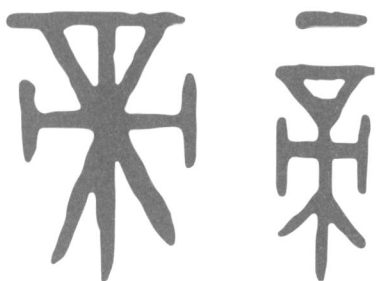

甲骨文"帝"字

　　文字学家对"帝"的造字本义还有不少争论。有一种被多数人接受的说法认为："帝"是象形字，很像一堆被捆起来的木头——这堆木头是用来点火焚烧献给天帝的祭品的。那在这堆木头上再加一横又代表什么意思呢？东汉《说文解字》的作者许慎发现，"帝"字上头加的短横，跟古汉字"上"的写法很像。

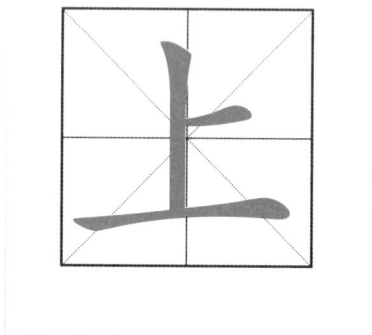

甲骨文"上"字　　　　　　　　金字"上"字

古汉字里有一种叫"合文"的现象，就是把两个字形合并在一起。甲骨文在"帝"字上加一横，其实就是"上帝"两个字的合体。但是，因为帝本来就是最高天神，帝和上帝的意思并没有特别的区别，所以甲骨文"帝"字的两个字形就开始混而不分了，以至于后来最原始的不带横的"帝"字被淘汰出局。

后来到了周代，带有神性的"帝"字慢慢从天神的头衔滑落到了人间，先秦典籍里的三皇五帝都是人间的帝王。这是因为，帝原来是殷商人的最高神祇，而周人是把天当成自然的最高主宰的，所以周人入主中原后，殷商人崇拜的"帝"就降格成了人间帝王的头衔。

到了秦始皇自称"皇帝"的时候，"皇"和"帝"这两个字都不再是它们的本义了，特别是"帝"，早已从天界堕入了人间。

词性解析

▼

王

1. 名词，殷周时代对天子的称呼，读 wáng。

《诗经》："溥天之下，莫非王土；率土之滨，莫非王臣。"

2. 名词，春秋、战国时诸侯国国君的名称，读 wáng。

《孟子》："王好战，请以战喻。"

3. 名词，秦朝以后对大臣、贵族的最高封爵名，读 wáng。

《汉书》："苏君，律前负汉归匈奴，幸蒙大恩，赐号称王，拥众数万，马畜弥山，富贵如此！"

4. 名词，朝廷，读 wáng。

王朝、王廷。

5. 名词，首领，读 wáng。

《柳毅传》："然而王久不至。"

6. 名词，冠军，读 wáng。

拳王。

7. **动词，统治，读 wàng。**

《史记·项羽本纪》："沛公欲王关中，使子婴为相，珍宝尽有之。"

8. **动词，称王，读 wàng。**

《孟子》："地不改辟矣，民不改聚矣，行仁政而王，莫之能御也。"

9. **动词，胜过，读 wàng。**

《庄子》："彼兀者也，而王先生，其与庸亦远矣。"

|54|

诸侯的"国"
与大夫的"家"

热爱自己的国家是一种很高尚的情操。民族英雄林则徐有两句诗："苟利国家生死以，岂因祸福避趋之。"这句诗真是道尽了古往今来仁人志士的爱国情怀。在这一篇中，我们就一起学习跟国家有关的汉字文化知识。

"有国有家者，不患寡而患不均，不患贫而患不安"

在现代汉语中，"国"为什么又叫"国家"呢？我想你也许读到过一句宣传语："国是千万家，有国才有家。"在这句话里，"家"指的是社会上千千万万个小家庭。那么"国家"真的就是千万个小家庭凝聚在一起的意思吗？其实，这个理解并不完全准确。在古汉语中，"国"就等于"家"，"家"也是"国"的意思。"国"和"家"这两个字的亲密而独特的关系与我们总提到的周代的分封制有关。

我们可以从《论语》里的一则小故事来了解一下春秋时代"国"和"家"的含义。鲁国的大贵族季孙氏要去讨伐鲁国的一个附庸小国颛（zhuān）臾（yú）。孔子听说了这件事，就把给季孙氏当管事家臣的学生冉有叫来，批评他不阻止季孙氏做这种不义的事。冉有是个能言善辩的人，说："颛臾是靠近季孙氏的封地费邑的一块要地，如果季孙氏现在不拿下，会为子孙后代留下祸患。"孔子针对冉有的狡辩，说："丘也闻有国有家者，不患寡而患不均，不患贫而患不安。"这句话后来流传千古。"有国有家者"，指的就是统治阶级。诸侯统治一国，这就叫"有国者"；而卿大夫从诸侯那里获得封地，他们就被称为"有家者"。实际上，这些大夫之家就是诸侯国里的国中之国。

儒家提倡"修身、齐家、治国、平天下"，这里说的"齐家"可不是指百姓过好自己家的小日子，而是指孔子的学生冉有的工作——帮助卿大夫管理好封地。如果管事家臣能做好这份工作，以后就能去辅佐诸侯治国，最后还可以帮助天子治理安定天下。

所以，诸侯的国和大夫的家都是贵族的封地，在政治上是密不可分的整体，于是就形成了现代汉语中的"国家"这个词。

"国"字的来历——"国人暴动"

繁体字"國"是一个形声字："或"是声旁，而"囗"是形旁，它代表的意思主要是围墙、围栏。"国"字跟围墙有什么关系呢？其实，"国"字的意思在演变过程中发生了一些小小的变化。我通过历史上著名的"国人暴动"的故事来剖析"国"字在古代汉语里的意思。

西周的周厉王是一个著名的昏君。他为了聚敛钱财，把森林、河流都据为己有，百姓要去砍柴捕鱼，都得先向他交钱。这种暴行让贵族、平民全都怨声载道。周厉王听说民间对自己非常不满，非但没有反省悔改，反而变本加厉，派了很多特务去监视京城镐京里的百姓。特务但凡听到有人批评天子，就把他抓起来治罪。这种高压恐怖的政策逼得百姓不敢在街上随便说话，哪怕遇到熟人也只敢使个眼色，扭头快走。周厉王见老百姓都不再议论他的是非，觉得自己特别了不起。大臣们苦口婆心地劝谏，他却全都当成耳边风。这种倒行逆施的政策实行了三年，都城镐京的人民再也无法忍受，发动了暴动，把周厉王赶出了镐京。《史记》上说，周厉王逃跑到外地躲起来，西周的国政就由周定公和召穆公两位重臣来代理负责，这段没有天子管事的日子，被称为"共和"。这就是"共和"一词的出处。

"国人暴动"，不是指周朝全国人民一起造反，这里的"国人"一词指的是住在国都中的贵族和平民。"国"在这里的意思就只是国都。国都一般都有城墙保护。《左传》这部史书上就提到过，一个诸侯国里如果要修建新的城墙，都必须以国都作为参考标准，如果是大的城邑，城墙长度不能超过国都城墙的三分之一；如果是中型城邑，城墙不能超过国都城墙的五分之一；小型的城邑不能超过国都城墙的九分之一。住在国都城墙里的人被称为"国人"，住在国都城墙外的人被称为"野人"。这"野人"不是野蛮人的意思，而是指住在乡野中的百姓。孔子的学生子路就是住在鲁国国都曲阜城外的野人。

古汉字的"國"没有"口"，繁体字的声符"或"就是"國"字最早的写法。

金文"或"字

"或"字当中也有一个小的"口"，这原本应该是城墙的象形，后来在这个城墙"口"的外围又加上几条线，表示这个城市占领的疆域范围。这样的字形就表示国都包括了城里的"国人"和城外的"野人"住的地方，因为城外乡野生产的粮食是城里的统治者们必需的生活资源。以高大的城墙为中心，周围是富饶的土地，一个国家的基本雏形就诞生了。但是城墙不能很好地防止外敌入侵，所以古人又在"或"的右边加上一个表示枪杆子的"柲（bì）"，这样，"或"就成了城池加武器的会意字了。再后来，因为"或"在很多时候都被用来表示"或者""或许"的意思，古人又在"或"字外面再加一个"口"，表示国都的意思。

简体"国"字的由来：圀、囯、国

现代简体"国"字的写法是"口"里一个"玉"字，我们一起来了解一下这个字的演变过程。

在历史上，很早就有古人想简化"國"字了。其中最有名的一位古人是女皇武则天。武则天喜欢造新字，她的名字"武曌（zhào）"的"曌"，日月当空的字形就是她自己造的。她对"國"字原来的写法有点儿不满，"或"也是"惑"的声符，这不代表着国家里的百姓心神不稳吗？不行，得改！武则天觉得国家都姓武了，所以"國"字应该改成"囗"里一个"武"字。可是有个大臣提醒她："陛下，这个字是不是有点儿像把'武'字给关起来了，不太吉利的样子。"武则天是很迷信的，一听这话立刻觉得这个新的改字方案不可行，再改。她认为国家应该笼括四海八方，所以又造出"囗"里上八下方这一个新字来代表国家了。这个字形虽然现在已经很少见了，但是影响却已远及海外。日本历史上有位大人物叫德川光圀（guó），他曾编过一部《大日本史》，他名字里就有武则天造的这个"圀"字。

爱改字形的人可不止武则天一个。大概在南北朝的时候，民间写字的人就创造出了"国"的新写法："囗"里一个"王"。王，就是天子，这样改应该是把天子当成国家代表的意思。在古代，国家就是一家一姓的王朝，这种改法也可以理解。后来的古代字典也都收录了这种写法，把它当成一个俗体字保存了下来。

武则天造的"圀"字

到了晚清太平天国定都南京，洪秀全自称天王，他觉得"朕即国家",于是就规定"太平天国"的名号一律要使用"囗"里一个"王"字的"国"。下面这幅插图展示的是太平天国的货币,你可以仔细观察一下。

太平天国货币,清末,上海博物馆藏

时间来到民国,当时学者搞出来的最初一版的汉字简化方案也要采取"国"的写法。可是今天的标准简化字"国"却比这个"国中有王"的俗字多了一点,变成"国中有玉"了。这是怎么回事呢?

"国中有玉"的这个写法,意思更美好,可是在历史上却没有明确的来源。文字学家相信,这个写法其实就是从"国中有王"的写法变来的。古代人写书法,有时候为了毛笔运笔更顺一些,常常会给字多加一点。比如书法家写"书"的草书时,常在右上角多加一点。"国"字里面由"王"变"玉",应该是同样的操作。

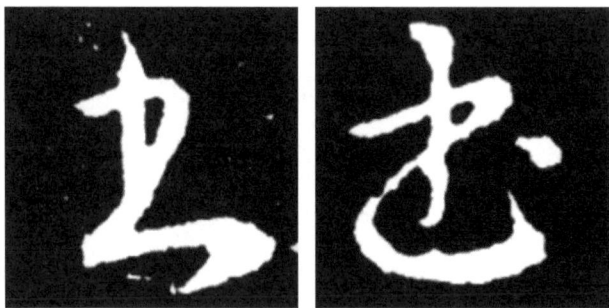

"书"字的草书

不过，有一个历史事件值得我们注意。日本在 1946 年的时候公布过一份《当用汉字表》，这相当于日本的一个汉字规范文件，它第一次规定了把"国中有玉"的"国"字作为印刷标准字体。日语汉字的这个规定当然也是从古代的汉字字体来的。《当用汉字表》的公布比中国的汉字简化方案略早几年，中日两国就汉字简化是否有过交流，现在并没有确凿的历史证据做支撑。我们就把这当成汉字文化圈中，不同国家对"国"字的演变推进殊途同归的一个好例子吧。

词性解析

国

1. 名词，国家。

《左传》："夫大国，难测也，惧有伏焉。"

2. 名词，国都，一个国家的最高政权机关所在地。

《战国策》："……愿君顾先王之宗庙，姑反国统万人乎？"

3. 名词，古代王、侯的封地。

《史记·留侯世家》："汉王之国，良送至褒中，遣良归韩。"

4. 名词，帝王。

国丈、国姻。

5. 名词，部落。

《后汉书》："伯济是其一国焉。"

6. 名词，地方。

《诗经》："逝将去女，适彼乐国。"

7. 名词，家乡。

《晋书》："未亡一年，欲逊位归国，佐吏等苦留之。"

右耳旁与古代地名

在上一篇中，我们了解了"国"这个字的来历，特别提到在古汉语里，"国"原来是国都、都城的意思。那么在古汉语里，真正表示"国家"这个意思的是哪一个字呢？在这一篇中，我就来解答这个问题，顺便讲一个有点儿奇特的偏旁——"阝"的故事。

邦

先秦时代，古人常用"邦"这个字表示国家的意思。现在我们还会使用这个字来表示国家，比如把建立了友好关系的国家叫"友邦"，把邻近的国家叫"邻邦"，把国家间的外交关系叫"邦交"。在古书里，"国家"这个词还会被写成"邦家"。但是后来出了一个大人物，这个人使古人在表达国家的意思时必须用"国"字，而不能用"邦"了。我想你可能已经猜出来这个人是谁了，他就是汉朝的建立者——汉高祖刘邦。

刘邦为什么要改"邦"为"国"呢？我们要回答这个问题，就必须先了解古人的一个重要的文化习俗——避讳。讳，就是忌讳，也就是不能说、不能做的事。这些事呢，或者是令人感到特别害怕的，或者是让人心生敬畏的。人们在提到与这些事相关的事物时，为了不冒犯，要尽量避开提到这些事物的名字。比如，毒蛇特别可怕，人们不敢直接提"蛇"字，改叫"长虫"。而封建王朝的社会制度规定，百姓都得尊敬皇帝，所以百姓在日常生活中就要对皇帝的名字避讳。谁如果在说话、写字的时候触犯了皇帝的名讳，就要大祸临头了。所以，刘邦做了皇帝以后，"邦家"就得改成"国家"了。

刘邦当了皇帝，别人都得避讳他的名字，这很霸道吧？不过皇帝这种蛮不讲理的做法，有时却在历史研究上发挥着意想不到的作用。如果我问你《道德经》是谁写的，你可能会不假思索地回答："是老子！"可是近代以来，关于《道德经》的作者是谁这个问题，学者们却吵得不可开交，无法达成共识。

二十世纪初的时候，许多大学者都主张《道德经》是西汉人写的，并且认为不仅《道德经》是假的，就连老子这个人也是子虚乌有。直到二十世纪七十年代，湖南长沙马王堆汉代古墓出土了一批珍贵的文物，其中有两篇写在丝帛上的老子《道德经》。这出土的《道德经》跟流传在世的《道德经》在文字上有一些不同的地方，其中一个差别就是流传在世的《道德经》里提到的"国家"两个字，在马王堆墓出土的《道德经》上都写成了"邦家"。学者们就推测，这两篇出土的《道德经》应该是在刘邦当皇帝之前就已经抄写好的，所以没有避讳刘邦的名字。如此一来，《道德经》这部书在西汉建立以前就已经存在这一历史观点得到了证实。"邦"和"国"虽然只是一字之别，却帮了历史学家大忙。

我们从"邦"的字形也能看出它跟国家的关系来。"邦"是一个形声字，左边这个三横一撇就是它的声符，这个声符本来应该是"封建"的"封"字最早的写法。封建的本义是分

金文"邦"字

封诸侯土地让他们各自建国。

下图是"封"的古汉字写法，好像有人在一块土地上插上一个高耸的标志，宣布对土地的所有权——从此这块封地就是他的邦家了。

甲骨文"封"字　　　　金文"封"字

从意义上来看，"邦"和"封"字应该是同源的。但是后来，"封"作为动词使用，为了表示动作，又在右边加了一个代表右手的"寸"。而"邦"字一直就是代表"国家"这个名词的，为了跟"封"

字区别，就添加了新的形旁——"阝"。

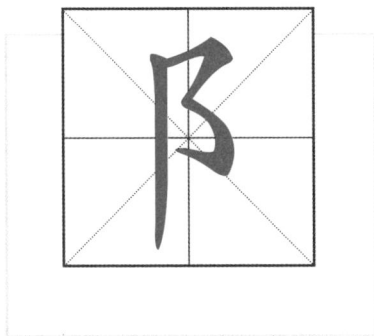

"阝"也被叫作"右耳旁"，之所以叫这个名字，是因为这个偏旁的形状有点儿像耳朵的轮廓。

在汉字里，除了右耳旁，还有左耳旁，但是无论是左耳旁还是右耳旁，都跟耳朵没有半点儿关系：左耳旁其实是一个表示小山包的"阜"字；而右耳旁呢，是一个"邑"字。

　　杜甫的诗《忆昔》里有一句，"小邑犹藏万家室"。这句诗里就有个"邑"字，但说实话，现在"邑"这个字已经不太常见了。《说文解字》是这么解释这个字的："邑，国也。"这里的"国"就是城市、国都的意思。所以"邑"指的也是城市、城镇。它的古汉字是个很形象的会意字。

　　你乍一看甲骨文的"邑"字可能觉得有点儿吓人——怎么像是一个人身首异处的样子？我们在讲身体部位的时候的确讲过甲骨文会把人头刻成一个方块，但甲骨文里的方块不都是脑袋。"邑"字里的这个方块跟"國"的最早字形"或"当中的方块代表同样的意思——城墙。在这个城墙的下面，是一个跪坐的人。古人把跪坐就叫作"居"。甲骨文"邑"把上下两部分合起来，就表示出人居住的城市的意思。

甲骨文"邑"字

"周公作邑乎山之阳"

考古学家研究甲骨文发现，古人把殷商的首都称为"大邑商"，或者"天邑商"。这里"邑"就跟《说文解字》的意思相符，是国都的意思。

商周交替的那段历史时期，带城墙的邑往往都是战略要地，是能够影响天下形势的关键所在。周人最后能够取得天下，跟修建邑大有关系。周文王下定决心应天受命以后，就开始向东扩张势力，不仅通过武力扫除了商纣王的爪牙眼线，还把周人的核心据点从扶风周原向东迁移，在今天西安西南的鄠（hù）邑这个地方建立了丰邑。《诗经》中歌颂周文王的功绩，就特别提到了"作邑于丰"。

武王伐纣成功以后，周武王和弟弟周公姬旦都意识到从关中统治东方有点儿鞭长莫及，于是周人开启了一项大工程。周公亲自查勘地形，在黄河、洛河交汇的平原上修建了一座叫作"洛邑"的城市，作为周人统治东方的中心城市。后来，洛邑就成了中国著名的十三朝古都——洛阳。洛阳应该是中国历史上古往今来最有名的一个邑了。

周公是一个建城高手。他不光修建了洛邑，为了讨伐东海之滨的东夷部落，他还在齐鲁淮济之间分封诸侯、建造城池。周公亲自挑选了自己封地的城址——鲁国的首都曲阜。汉代的古书《说苑》这样记载，"周公择地而封曲阜……周公作邑乎山之阳"。周人正是通过建造一座座的城邑，牢牢地掌控着不断扩张势力范围的节奏，建立起了一个"溥天之下，莫非王土"的伟大王朝。

郭

郊

汉字里的右耳旁是城邑的意思，由此类推，凡是带右耳旁的字也都跟城邑、城市有关，比如"都城""城郭"。"郭"字就是指城外靠近城墙的土地，住在有多重城墙的城邑里面的人也把外城叫作郭；"郊"，则指城邑的远郊。

郑

鄂

郎

部

那

　　另外，很多地名都会用有右耳旁的字，比如郑州的"郑"，就是因为这里是春秋时的郑国；刚才提到的西安鄠邑的"鄠"，也是个有三千年历史的古地名了。还有些字，现在看起来跟城市、地名没有关系，比如"郎""部""那"，但你如果一查《说文解字》这本古代字典就会发现，原来它们本来也都是各处的地名。

汉字撷英

词性解析

邦

1. 名词，古代诸侯的封国、国家。

《诗经》："式讹尔心，以畜万邦。"

2. 名词，泛指地方。

《博物志》："五岭已前至于南海，负海之邦。"

3. 动词，分封。

《封建论》："周有天下，裂土田而瓜分之，设五等，邦群后。"

邑

1. 名词，本义，国。

《左传》："君惠徼福于敝邑之社稷，辱收寡君，寡君之愿也。"

2. 名词，京城。

《诗经》："商邑翼翼，四方之极。"

3. 名词，小城镇。

《六国论》："秦以攻取之外，小则获邑，大则得城。"

4. **名词，旧时县的别称。**

《封建论》：“秦有天下，裂都会而为之郡邑……”

5. **名词，诸侯的封地、大夫的采地的通称。**

《汉书》：“蔡为人在下中，名声出广下远甚，然广不得爵邑，官不过九卿。”

6. **名词，居民聚居的地方。**

《楚辞·九章》：“邑犬之群吠兮，吠所怪也。”

| 56 |

"城""池":古人的城市规划

　　我们在上一篇讲"邑"这个字的时候，提到"文王作邑"和"周公作邑"都被后人当成丰功伟绩放在古代经典里反复吟诵。在生产力不发达的古代，古人要修建一座城，是很不容易的一件事。但即使在十分落后、艰苦的环境中，我们的古人还是建造出了人类历史上最伟大的建筑——万里长城。我们由此可以相信，在世界文明史上，中国人的造城技术堪称巅峰。在这一篇中，我们就一起来了解古人是如何建城的，以及"城"字背后的渊源。

城

在现代语言中，一座城一般指的是一座城市或者一座城堡。
"城"的意思是从何而来的呢？我们先来看看"城"在古汉语里的本
义："城"这个字左边是一个提土旁，右边是一个"成"字，构成了
一个形声字。有提土旁这个形旁的汉字一般都跟泥土有关系。可是，
光鲜亮丽的大城市跟泥土有什么关系呢？我们一起来通过故事揭晓
答案吧。

"息壤"与城墙

根据《吕氏春秋》记载，在远古时代，最早会建城的人叫鲧
（gǔn）。传说鲧是大禹的父亲。在禹之前，帝尧先任命鲧治理滔天的
洪水。可是鲧最终失败了，还因此遭到处决，丢了性命。为什么鲧
治水会失败呢？传说，鲧得到了一件奇异的宝贝叫作"息壤"。"息"
是生生不息的意思，"壤"是土壤，"息壤"的意思就是自己会长大
的土。鲧凭借这件宝贝，修筑了很多堤坝来阻挡河水，把水流全部

堵截起来。但是,在洪水的威力面前,泥土做的堤坝根本坚持不了
多久。堰塞的洪水一旦冲垮堤坝,产生的破坏力更加凶猛。息壤这
件宝贝非但没能帮助鲧有效治水,反而害他丢掉了自己的性命。

不过,正是由于鲧使用息壤的传说,古人才会把筑城的发明贡
献归到鲧的头上。因为在古代,修筑堤坝的方法跟修筑城墙其实是
一样的,"城"这个字在古汉语里的本义就是城墙。不管是堤坝还是
城墙,都是用泥土一层层夯筑起来的,这就是"城"字为什么会用
提土旁当形旁的原因了。

古人筑城,最早是为了保护自己不受外敌侵略。我们的祖先在
造"城"这个字的时候,就生动地体现了城的实用功能。在甲骨文
里,最早的"城"字没有提土旁,表示读音的"成"本来就是城墙
的意思。

成

在甲骨文里,"成"有两种写法,我们先来说相同的部分:字里
有点像一把斧头的"戊"字。"戊"就是象形一种像斧头的兵器。甲
骨文"成"的剩下部分出现了区别:有时古人写成一道又粗又短的

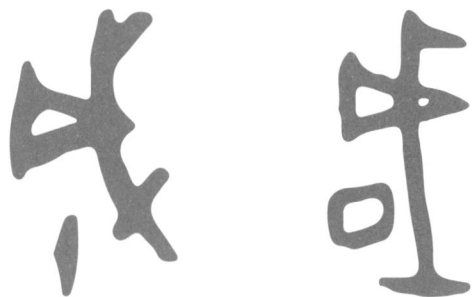

甲骨文"成"字

竖笔，这其实是"土"的变形；有时古人把这个部分写成一个方框。我们在讲"邑"字的时候提过这第二种写法——它是一个包围起来的城墙的象形。

城墙毕竟是用土修建的，统治者为了防御外敌，还得有武装来保卫这座城。这就是"成"字的造字本义了。甲骨文"成"字的两种写法，后来合二为一：短粗的竖和方块都统一成了"丁"字。这是因为在青铜器的铭文中，"丁"就是个又粗又圆的笔画，既像写粗了的一竖，又像个涂满了的小方块。而且"丁"和"成"在上古汉语里又基本同音，于是后来的小篆就采用"丁"来当声旁了。

甲骨文"丁"字　金文"丁"字　　　小篆体"丁"字　　小篆体"成"字

请你仔细观察上页插图展示的金文的"丁"字。成语"目不识丁"说的就是一个人连个墨点子都认不出来。汉字发展到楷书阶段，"成"字里的"丁"也发生了变化，变成了现在的横折钩。由于古汉字里最早的"土"逐渐变形消失了，所以后来才又加了一个提土旁，变成现在的"城"字。

屹立千年的统万城土墙

你可能对城是用泥土造的有些将信将疑，觉得泥土建的城墙不够坚固，无法抵御敌人的进攻吧。你可能认为城墙应该是用坚硬的石头垒起来的，或者像现在保留下来的一些古城墙一样，都是用大砖头砌起来的吧。

其实啊，泥土垒成的城墙也是可以非常牢靠的。最有名的泥土城墙当数现在陕西榆林的统万城了。统万城是南北朝时期匈奴部落首领赫连勃勃征发民众修建的。统万城的城墙就是用黄土高原上的泥土修筑的。古人用夯土的方法建城墙——每垒一层黄土，就靠人力夯紧压实，然后再往上垒一层土，再夯紧压实，这样一层层往上堆，最后就成了一段上窄下粗的梯形截面。老子《道德经》里有"九层之台，起于累土"的句子，说的就是一层层垒起来的夯土。

统万城之所以有名，是因为一段血腥的历史记载。为了防止泥土里的植物种子发芽破坏城墙，赫连勃勃命令工人在建造的时候，必须先用高温蒸过黄土，再把黄土运到工地，这就得花费很多的人力、物力。更可怕的是，在城墙建成以后，赫连勃勃命人用铁锥来测试硬度，如果铁锥能扎进城墙一寸，那就说明这段墙不合格，必须杀死修这段城墙的工人。他正是靠着这种严苛到残忍的建造、验收方法，修成了这座经历千百年的风雨侵蚀依然坚固的统万城。

时间来到北宋，宋太宗担心处在宋和西夏边境上的统万城为西夏所用，对宋朝构成威胁，竟然下令将其拆除了。不过现在陕西榆林县还留有统万城的残垣断壁，如果你有机会去看看这些南北朝建的土墙，你就会发现它比榆林境内的明代长城看起来还新呢。

由此可见，土城墙的坚固程度绝对信得过。不过，你可能还会担心：古人要建这么高的城墙，从哪儿运来这么多泥土呢？

修城墙对泥土的需求量确实是非常大的。在拆除北京城的旧城墙的时候，古建筑学家梁思成提出的一条反对意见就是：据约略估计，北京城墙内的泥土大约有1100万吨，如果用20节18吨的火车车皮每日运满一车，得83年才能运完呢！那么，古人建一座城，究竟从哪里运来这么多泥土呢？

古人可是充满智慧的，为了节省人力，泥土都是就地取材。要想了解其中的细节，就要学习汉字"池"背后的文化故事了。

池

城也经常被人叫作"城池"。我们已经了解"城"字的意思就是城墙，那么"池"又代表什么呢？"池"字有水池的意思，但是在"城池"这个词里，它特指护城河。

护城河可以阻挡敌军直接攻城，而挖护城河时掘出来的土正好可以用来夯筑城墙。古人挖的护城河越深越宽，修的城墙就可以越高越厚。"城"和"池"两个字连用，正是因为城墙和护城河的这种相生相伴的关系。

成语"城门失火，殃及池鱼"，是说城门楼子着火了，人们为了灭火，就直接到护城河里打水扑救，结果让护城河里的鱼遭了殃——要么水被人抽干了，要么就是被连水一起捞上来泼进大火里了。

隍

城墙外的护城河也有旱河，就是没有水的河。中国北方水系不发达，护城河有时就是一道壕沟而已。没有水的护城河还有一个专用的名字——"隍"。

你一定听过"城隍"这个词，全国各地都有古代留下的城隍庙，里面供的神是城隍爷。城隍爷是专门负责保护一方平安的神。城和隍，都是保卫本地居民的防御措施，古人为地方保护神起"城隍"这个名字，真是非常贴切啊。

你读完这一篇，应该明白万里长城为什么也叫"城"，这用的就是古汉语中"城墙"的本义。你只要想起长城壮丽的景象，就能理解"城"字的本义了。还有许多包含"城"字的成语，比如"众志成城""兵临城下"……这些成语里的"城"也都是城墙的意思。

后来，人们用保护人民安全的城墙泛指被城墙整个包围起来的地方，这就变成现在的城市、城镇的意思了。成语"价值连城""倾国倾城"中的"城"就接近城市、城镇的意思。这种指代后意思发生变化的情况跟城隍老爷得名的过程差不多，很多古代词语就是这样变化出现在的意思的。你理解并掌握了这种词义的变化，对将来学习古汉语可是很有帮助的。

汉字撷英

词性解析

城

1. 名词，本义，城墙。

《送友人》："青山横北郭，白水绕东城。"

2. 名词，城市。

《六国论》："今日割五城，明日割十城，然后得一夕安寝。"

3. 动词，筑城。

《左传》："今吴是惧而城于郢（yǐng），守已小矣。"

4. 动词，守城。

《书何易于》："县距刺史治所四十里，城嘉陵江南。"

池

1. 名词，积水处、水塘。

《桃花源记》："土地平旷，屋舍俨然，有良田、美池、桑竹之属。"

2. 名词，护城河。

《孟子》:"城非不高也，池非不深也，兵革非不坚利也……"

3. 名词，某些四周围起来像水池形状的处所。

花池、舞池。

57

"法""衡"：
古人的法治观念

　　一个国家要想繁荣富强，统治者还必须管理好国家内部的事务。统治者为了让社会的各个部门、各个团体之间形成良好的合力，必然会运用不少法条律令进行管理。在现代社会，法律在治理国家中发挥着重要的作用。可是在中华传统文化中，有一种观点始终认为：中国人历来重人治轻法治，缺少法律意识和契约精神。这种观点正确吗？

　　在这一篇中，我就以有关法律的汉字作为切入点，剖析中国古人的法治观念，看看我们的祖先是如何看待法制、法律的。

"法"这个字可以折射出古人对法律的三种不同的认识。这三种认识正好对应着构成"法"字的三个部分。你可能感到疑惑:"法"字的左半部分是"氵",右半部分是一个"去"字,明明只有两个部分嘛。你说的是"法"字的简化写法,而且请注意,"法"的右半部分可不是"去"字。

繁体的"灋(fǎ)"字比起现在通行的"法"字多了一个部件,在"去"字的上方多了一个有点儿像梅花鹿的"鹿"的部件,这个字念"廌(zhì)"。考古学家发现,西周青铜器的铭文中有这个"灋"字,而它就是繁体字"灋"的"直系祖先"。

下面,我们就来庖丁解牛式地分解这个"灋"字,看看这个字的每一个部分分别代表什么意思。

金文"法"字

"氵"表示一碗水要端平

在金文中，"氵"的写法被还原成了"水"字最原始的象形状态——河道中流水的样子。水和法律之间有什么意义关联呢？中国人有句俗话，一碗水要端平。传统的木工在检查房梁盖得是否平整的时候，就会在房梁上放一碗水，看水面是否倾斜，因此后来才有了"水平"这个词。水是可以检测平整的工具，从这个意思又引申出了公平、公正。而公平、公正正是法律最核心的精神。正所谓，法律面前，人人平等，"灋"字反映了法治意识的基础——像水一样公平！

"廌"象征法制神圣

"廌"的确表示一种像鹿的动物，不过它不是凡间的动物，而是传说中的一种神兽——獬（xiè）豸（zhì）。在先秦两汉的古书中有这样的记载：獬豸是一种只长了一只角的羊。它有一种神奇的本领，能一眼识穿是非曲直。獬豸如果碰到坏人，就会用自己的角去顶他。

传说尧舜治理天下的时候，把审案司法的事都交给皋陶（yáo）来管理，皋陶从此就成了中国古代法官的祖师爷。尧和舜为什么都信任皋陶呢？这是因为皋陶的身边就养着一只獬豸。在审案的公堂

上，皋陶只要遇到疑难的问题，就派獬豸出马，一下子就能识别出
狡辩的坏人。

到了战国、秦汉时期，有一种帽子的式样就是模仿獬豸独角突
起的样子设计的，这种帽子被称为"獬豸冠"。后来獬豸冠就成了古
代法官官服的"标配"了。

獬豸冠

"灋"字当中的这个"廌"，不仅代
表法律要像神兽獬豸一样明辨是非，还
体现出神灵护佑着法律的权威，法律可
以凌驾在凡人之上，在冥冥之中主持着
人间的公道。成语"天网恢恢，疏而
不漏"中的"天网"，就体现了古人把
"法"看作和神明、信仰同等神圣而重
要的东西。

"盍"代表禁暴止邪

我们再来说说"灋"字中看起来是"去"的这个字。这个字实
际上是"盍（hé）"字的上半部分。"盍"本来是盖子的意思，它上
面的这个像"去"字的部分是在象形一个盖子盖在容器上。

请你结合金文的"灋"字这一部分一起看，"灋"字里最后剩下
的这一部分，其实应该就是"盍"字。

那么这个很像容器盖子的"盍"字体现了什么法律意识呢？"盍"这个字本身跟法律没什么直接联系，但是在上古时期，它的读音跟"禁"很接近，把它当成"灋"的构件之一，很可能就是在利用读音的通假，表示"禁"的意思。

道教经典著作《文子》中有这样的说法："法度道术，所以禁君使无得横断也。"这句话翻译成白话的意思就是：法律道术，是用来禁止君主，让他们不能够任意妄为的。所以"禁"就是法律最实际的运用效应——禁止一切损坏他人利益的行为。

甲骨文"盍"字

一个"灋"字，就能够体现出公平公正、法制神圣和禁暴止邪三层意思，古人造汉字是不是很厉害？中国的古人在造"灋"字时赋予了它如此复杂的含义，足以说明中国人自古以来就是很重视法治的。

衡

接下来，我要为你讲解我的独家研究——"衡"字的来历。

"衡"字的楷书写法其实很有问题，看起来像在"行"字中，有一个接近"鱼"字的部分。这个楷书写法把古汉字的字形改得面目全非，甚至可以说大错特错了。但是，这是一个汉字演变的好例子，说明汉字从甲骨文变化成楷书，总会经历一些不合理的变化。

金文"衡"字　　　　　小篆体"衡"字

上面两幅插图展示的是"衡"字的金文和小篆的字形。这两个字形都写得很明白，"衡"字中间这个部分，上部是一个"角"字。金文"衡"里的"角"字下边，是一个正面的人形，也就是"大"字——这部分倒是继承下来了。在古汉字中，"行"字象形的是十字路口的样子，它是"衡"字的声旁，只单纯地表示读音。所以，"衡"这个字的本义就要从"行"字中这个"角"和"大"的组合来探索了。

我们刚才讲过的獬豸的传说，可能就是破解"衡"的字形来源的钥匙。"大"是一个正面的人形，"衡"字在人的头顶安上一个角，这很可能就是戴獬豸冠的最早来历，所以"衡"的字形很可能是在象形一位法官的样子。

传说商朝开国君主成汤的宰相伊尹，就被商人尊称为"阿衡"。在先秦的古书里，"衡"也是商周天子身边的重要官职。这种主管司法的官位为什么会被叫作"衡"呢？他们很可能就是替天子审案子的大法官，就好比尧舜时期带着独角神兽獬豸一起审案的重要大臣皋陶一样。

"衡"字的本义就是平衡。《墨子·法仪》中有这样的记载，"直以绳，衡以水"。这句话的意思是说用水来测平衡。这跟我们刚才说到的"灋"字里的"氵"的含义非常近似。而且，在古汉语里，"衡"由平衡的意思又引申出了天平的意思。我们都知道，秦始皇统一度量衡。这度量衡中的"度"指长度，"量"指体积，而"衡"就是指用来称物体质量的天平。

在西方，人们用天平来代表法律公正。西方人经常在法院门口安置一尊希腊正义女神忒弥斯的塑像。在忒弥斯女神的手中，必定会有一座象征法律公平的天平。这个意象早已深入人心、家喻户晓。

而在汉字中，代表天平的"衡"字也与传说中执行法律公正的神兽獬豸有着千丝万缕的关系。

从文化的本源上来说，中西方对法制公正精神的追求别无二致。我相信，在经历了数千年的实践洗礼而能保存下来的文化遗产中，精华一定远远多于糟粕，而最重要的是作为后人的我们一定要有正本清源，并从纷繁的史料中发现深远智慧的敏锐目光。这就是对本篇开头问题的回答。

词性解析

法

1. 名词，法律、法度的简称。

《吕氏春秋》："治国无法则乱，守法而弗变则悖，悖乱不可以持国。"

2. 名词，标准、模式、规则。

《潮州韩文公庙碑》："匹夫而为百世师，一言而为天下法。"

3. 名词，方法、办法。

《梦溪笔谈》："其法：用胶泥刻字，薄如钱唇，每字为一印，火烧令坚。"

4. 名词，对佛家事物的尊称。

法器、法师。

5. 名词，战国时期一个重要学派的名字。

法家。

6. 名词，法国的简称。

英法联军、法式蛋糕。

7. 动词，合法。

《韩非子》："其于诸侯之求索也，法则听之，不法则距之。"

8. 动词，效法。

《韩非子》："不期修古，不法常可。"

9. 动词，守法。

《封建论》："朝拜而不道，夕斥之矣；夕受而不法，朝斥之矣。"

10. 动词，依法处置。

《史记·商君列传》："将法太子。太子，君嗣也，不可施刑，刑其傅公子虔，黥其师公孙贾。"

58

"士"：
从卿士到百姓

在这一篇中，我们要来了解与上古时代的各种社会分工有关的汉字故事。现代社会纷繁复杂，职业五花八门。你可以问一问班级里的同学，看看大家的爸爸妈妈都是从事什么工作的，可能你会听到一些很新奇的职业和工作。但是，古代社会的情况就大不一样了，百姓一般不能自由选择职业，而要由国家来分配工作。

现在，我们就从汉字入手，来看看在几千年前百姓从事的职业中，隐藏着哪些有意思的汉字故事吧。

据古书《周礼》记载，"国有六职"。哪六种职业呢？第一种，坐而论道的王公；第二种，为王公奔走服务的士人；第三种，制作各种工具器材的百工；第四种，流通四方货物的商人；第五种，开发土地、积蓄粮食的农夫；第六种，在家纺纱织布的妇女。

国家根据百姓为社会做的不同类型的贡献划分出了这六种职业。后来的儒家著作又对这"六职"做了进一步的简化：首先把王公贵族这些统治阶层从"六职"中去掉，然后出于重男轻女的观念把妇女也剔除，最终形成了士、农、工、商的"四民"说法。在长达两千多年的封建社会里，"四民"这种职业分类深入人心，关系到老百姓的社会阶层，所以成为百姓特别重要的身份标志。

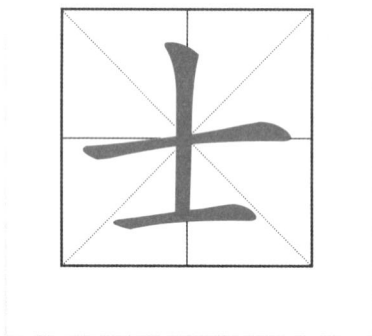

土

皋陶的传说：公天下变家天下

在现代汉语中，"士"这个字还经常出现在对人物的尊称中，比如"男士""女士""院士""学士"。在古代，读书人属于有知识、有文化的阶层，所以被称为"士人""士子"。为什么这个"士"字无论在古代还是现代，都显得如此与众不同、出类拔萃呢？我们要回答这个问题，就必须从"士"的字形本义讲起了。

"士"的楷体写法有点儿像"土"，就是只有上下两横的长短有区别。但是，从造字原形来看，"士"和"土"却一点儿关系都没有。其实你已经在前面的篇章中学过跟"士"特别像的古汉字了，赶紧看看插图中"士"的古汉字，看它究竟像哪个已经学过的字吧。

插图展示的是商周时期古汉字的"士"字，它是不是跟"王"颇有几分相似？

商周时期的古汉字"士"

"士"跟"王"不仅有相似的远古字形，曾经在文化中几乎还有平起平坐的地位呢！在古代经典中，第一位士是尧舜时期的一位圣贤——皋陶。皋陶被舜帝任命为"士"，当时的"士"就是管理刑法的大法官，因此皋陶就是传说中开创中国刑法制度的鼻祖。我们在前面的篇章中提到皋陶带着独角神兽獬豸审案子，这就是皋陶这位"士"的职权所在。

从中国的古籍中看来，作为第一位"士"的皋陶，

甲骨文"王"字

金文"王"字

他的历史作用也十分特别。禅让制的公天下后来变成了世袭制的家天下，而导致这一转变发生的关键人物之一就是皋陶。

据说大禹本来也想效法尧、舜实行禅让的，他原来看中的接班人就是皋陶。可惜皋陶为天下操劳积劳成疾，死在了大禹的前头。失去了久经考验、天下归心的皋陶，大禹在死前匆匆把天子之位传给了曾经帮助他治水的伯益。可惜在百姓心中，伯益的声望远远不如皋陶，大家都不愿去朝拜伯益，反而因感念大禹治水的伟大功绩，把大禹的儿子启推上了天子的宝座，从此开启了数千年的世袭制。

皋陶具有和尧、舜、禹一样高的威望，后代的儒生把皋陶和尧、舜、禹并称为"四圣"。在远古社会，"士"的崇高地位由此可见一斑。甲骨文的"士"与"王"的字形相似，也算顺理成章的事了。

《泰誓》中的士兵

我们曾讲过"王"是斧钺这种兵器的象形字，而斧钺就是天子武力权威的象征。"士"字与"王"字相似，它的字形也跟武力有关，所以"士"也有武士的意思。

周武王伐纣，率领诸侯联军到达黄河渡口盟津，举行了一场声势浩大的誓师大会。周武王发表了一篇誓词——《泰誓》，号召官兵人人奋勇杀敌。在这篇中国历史上享有盛名的誓师演讲中，周武王把手下的官兵们称为"众士"。现代汉语里"士兵"这个词中的

"士"就可以追溯到周武王的这篇《泰誓》。

《多士》中的武士

武王伐纣成功以后，周公姬旦在洛水之滨修筑了周人统治东方的核心堡垒——成周洛邑。但是，武王意识到光有城还不够，还得有驻守城池的军队。可是周人这个小部落，还得保卫自己的根据地关中，哪还有能力管辖洛邑呢？周公思来想去，把殷商遗留的部队重新组织起来，全部迁到成周洛邑，编组成一支新的部队，号称"殷八师"或者"成周八师"，以震慑东方。在组建殷八师的阅兵典礼上，周公发表了一篇劝勉将士的演讲——《多士》。"多士"，主要指从前殷商的武士们。

士大夫的败落

天子打江山，得靠士；打下江山坐江山，也得靠士。在周天子朝廷担任各种官职的人，被称作"卿士"。这个时候士依然是周天子身边的红人。不过到了春秋时代，"士"这个阶层慢慢从朝廷降落到了民间。孔子创办了私学，有教无类，让老百姓和贵族一样都能公平地接受教育。平民从此有了知识文化，也能像从前的贵族一样被称为"士人"了，士也就从统治阶层变成"四民"百姓的一员了。

宋燕相齐见逐

到了战国时代，士逐渐败落了。《韩诗外传》里有个故事：齐国人宋燕被齐王罢免了宰相之职，就召集了手下二十六个门客，问他们愿不愿意跟自己流亡到别的国家寻找东山再起的机会。但是，这二十六个人没一个应声的。宋燕感叹道："可悲啊，你们这些士大夫，招人容易用人难！"这句话侮辱性极强，刺激到了士大夫陈饶。他反驳说："大人您养我们这些士大夫，口粮不过三斗高粱，让我们吃都吃不饱，而您花园里的大雁每天吃谷子，比人吃得还好；您后宫的妇女拿珍奇的水果当玩物随便乱扔，我们这些士大夫连尝都没尝过一口；您厅堂上的帷帐都是用绫罗绸缎做的，时间久了风化破败，而士大夫们连拿这些破布补补衣服都不行。财物跟性命相比微不足道，您平时舍不得把您不稀罕的财物给我们这些士大夫，现在却要我们豁出自己最宝贵的性命来追随你，这岂能办得到？"陈饶这番连珠炮似的反驳，把宋燕臊了个大红脸。

我们从这段故事就能读出来，士大夫虽然名头好听，但过着食不果腹、衣不蔽体，比一般平民还不如的日子！不过，士大夫们普遍有一样优点——虽然穷，可是有志气！

士不可以不弘毅，任重而道远

孟子曾经说，老百姓过日子，有恒产才有恒心，无恒产则无恒心。这句话的意思是说百姓如果生活来源不稳定，那必定心神不宁。不过，孟子的这句话说的是一般老百姓的心态。他还有一句话："无恒产而有恒心者，惟士为能。"这句话的意思是说，只有士人不以生活的穷苦为挂累，可以一心一意地践行自己的志向。

儒家的先贤们留下很多激励士人的名言，《论语》中记载曾参的话："士不可以不弘毅，任重而道远。仁以为己任，不亦重乎？死而后已，不亦远乎？"

中华民族的高尚情操，与儒家的士人精神有深厚的渊源。在中国人的道德底色中，古代士大夫高贵的精神人格始终散发出耀眼的光芒。

汉字撷英

词性解析

士

1. 名词，在古代对有身份地位的知识分子的美称。

《后汉书》："以才智用者谓之士。"

2. 名词，将领。

《孟子》："抑王兴甲兵，危士臣，构怨于诸侯，然后快于心与？"

3. 名词，兵士。

《资治通鉴》："……驱中国士众远涉江湖之间，不习水土，必生疾病。"

4. 名词，中国古代社会的一个阶层的名称。

《资治通鉴》："荆州与国邻接，江山险固，沃野万里，士民殷富，若据而有之，此帝王之资也。"

5. 名词，对品德好、有学识、手艺好的人的美称。

《战国策》："风萧萧兮易水寒，壮士一去兮不复还。"

6. 动词，通"仕"，做官。

《荀子》："古者匹夫五十而士。"

59

字形里的职业标签

　　在上一篇中，我们讲了"四民"中无恒产而有恒心的士。在古代，指读书人的士一般都不从事体力劳动，所谓"四体不勤，五谷不分"。在古代"四民"中，农、工和商这三类百姓就跟十指纤纤不沾水的士人大不相同了，他们是社会财富的创造者。古人把"农""工""商"这三个字造得特别有趣，这三个字的古汉字字形把代表这三种身份的特殊"道具"都包纳其中了。我们一起来学习关于"农""工""商"这三个字背后的文化故事吧。

农

我们看简体的"农"字，跟"衣"字有一点儿像。但是，不光农要穿衣，士、工、商都要穿衣服啊，所以怎么能说"农"字里面有代表农民身份的特殊"道具"呢？没错，这个简体"农"字确实看不出来造字本义，当然就更别提什么特殊"道具"了。我们只有在繁体字"農"的字形上才能看出端倪来。

農

繁体"农"字

繁体字"農"，上半部分是一个"曲"，下半部分是一个"辰"。这个"農"字跟"晨"有点儿像，难道"農"字的本义是农民伯伯辛勤劳动，每天一大早就下地干活儿？你猜对了，确实有文字学家这样解释"農"字。

这个解释靠谱吗？你先别急，我们追根溯源，先看看最早的古汉字是怎么写的吧。

金文的"農"画得很明白：原来"農"的上半部分并不是"曲"字，而是一块被杂草环绕的田地的样子。后来的"曲"字，原来是"草"和"田"的字形混合在一起形成的。农民种庄稼哪里少得了农田呢？所以，田地是农民的命根子，有了田，这"農"的字形才靠

甲骨文"农"字　　　　　　　金文"农"字

点儿谱嘛。

　　我们再来看看"農"字的下半部分"辰"是什么来历。你应该能辨认出金文"農"里有一个右手的字形吧？整个"農"字的下半部分本来是象形人手里拿着一样东西。这样东西就是"辰"。"辰"到底是个什么呢？"辰"字的本义其实是一种大蚌壳。农民伯伯的手里拿着一个大蚌壳，这象形是什么意思呢？

　　你知道在金属工具出现以前，农夫们是用什么工具来种田挖土的吗？你可能听说过在石器时代，古人用石头来做工具。其实蚌壳也是一种可以制作农具的材料。汉代的《淮南子》里就有这样的记载，古人把蚌壳的边磨得很锋利，用来当锄草的农具。这种除草的农具名叫"耨（nòu）"。古书里画的耨有点儿像一把锄头，只不过这把锄头不是铁打的，而是由一块大蚌壳磨出来的。

　　所以"農"字把草、田、农具这些形象组合在一起，就成了农民手执农具去开垦荒田的会意字。你温习一下《悯农》这首诗中"锄禾日当午"这一句，一

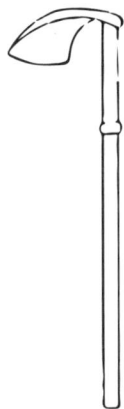

古代农具耨

位在田间地头辛苦耕作的老农形象是不是就在"農"字中慢慢浮现出来了？

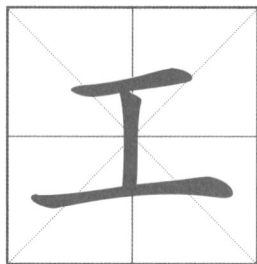

"農"字中隐藏的特殊道具是田地和农具，那"工"字里面有什么呢？"工"字的写法特别简单，所以也没什么藏着掖着的——"工"字本身就是一件工具。

在古代，"工"字指的是一切手艺人，无论是木工，还是铁匠，或者是做陶器的、盖房子的、挖水渠的，都可以叫"工"。

在古代，有两样工具受到人们特别的重视：一件叫"规"，就是用来画圆的圆规；另一件叫"矩"，就是画直线的尺子。俗话说："没有规矩，不成方圆。"这句话中的"规"和"矩"就是两样工具被人们借来指代法则、规范了。如果你看过伏羲与女娲的神像，你就会更加明白规和矩在古代的重要地位了。

伏羲和女娲是中国神话传说中人类的始祖。在古人的画像里，伏羲和女娲的手里各自攥着一样东西，女娲拿的是一个两脚圆规，伏羲拿的是一把直角的曲尺，这样的曲尺现在还在被人们广泛使用。

我读中学时，学过做板凳，木
工老师用这种直角曲尺一比，
就知道我做的凳子腿跟坐板是
不是接歪了。伏羲和女娲拿着
规和矩，其实就是象征他们两
个制定了宇宙天地和人间的
秩序。

　　那么"工"字难道就是规
和矩这两样工具的象形吗？这
两样工具虽然都很了不起，可
是无论是圆规还是曲尺，都跟
"工"字不太像。尤其是古汉
字的"工"，写法非常奇特。

　　在甲骨文里，"工"字底
下的一横原来被写成了一个方
框，后来被简化成一横，才有
了现在"工"字的写法。很显

《伏羲女娲图》，唐代，新疆维吾尔自治区
博物馆藏

然，最早的"工"字跟规矩没什么关系。它究竟代表的是古代能工
巧匠的什么"道具"呢？

　　神话故事给了我们一条线索。我们曾提到舜帝封皋陶为士，皋
陶从此成了传说中的第一位法官。舜帝当初任命了一大批官，其中
也有工匠们的头领，这个人名叫"垂"。垂是一个能工巧匠，发明

占工

甲骨文"工"字

过农具，也发明过武器。他凭着天下无双的好手艺，被大家推举给舜帝。

"垂"这个名字有点儿特别。我们再看看古汉字"工"的字形，是不是有点儿像一根绳子的一头坠着一样东西往下垂？在现代汉语中，这件工具被称为"线锤"。它就是在绳子的一头系上一个重锤，然后利用地心引力把绳子垂直吊下。建筑工人垒墙的时候可以用它来测量墙砖直不直。吊锤的样子跟甲骨文"工"的字形很像，而且读音和意思又与传说中能工巧匠的鼻祖"垂"的名字一致，所以"工"字很可能就是根据工匠使用的吊锤这样的工具造出来的象形字。

线锤

你可能听说过一种关于"商"字的解释，说"商"字里面是"八"和"口"的组合，这个组合的意思就是做生意的商人个个能说会道，就像长了八张嘴一样，能把自己卖的东西吹得天花乱坠。这个说法很不靠谱，属于典型的望文生义。我们先不说古汉字"商"字里是不是也有"八"和"口"，就问问为什么形容商人能说会道只用八张嘴，而不是十张嘴、一百张嘴呢？

甲骨文"商"字

请你仔细看看上图中"商"字的甲骨文写法，这里面哪里有"口"？甲骨文是殷商王族和贵族们在乌龟壳和牛骨头上刻的占卜文字，"商"这个字在甲骨文里还没有现在"生意人"的意思，它指的是殷商王朝的都城，同时"商"也代表这个王朝的名号。

在讲"邑"这个字的时候，我们讲过甲骨文里用小圈或者小框表示城墙的样子，所以现在"商"字底下写成"口"的这部分其实代表了殷商的都城，也就是甲骨文里经常提到的伟大城市——天邑商。

代表生意人的"商"字其实跟殷商王朝没有直接的联系。"殷商"的"商"的古汉字，很可能是假借了"商人"的"商"古汉字的字形。

在《说文解字》这本古代字典里，商人的"商"有独特的写法，得把"商"字底下这个"口"换成"贝"。

《说文解字》中的"商"字

在古代，贝壳曾经被人们当作货币使用。在汉语中，"贝"常常表示财宝、金钱的意思。商人做生意第一要紧的就是本钱，钱就是代表商人身份的特殊道具了。

而且，甲骨文"商"字的写法应该就是钱币的样子。我们现在在博物馆里看到的铜钱是外圆内方的，这是秦始皇统一中国以后规定的货币的标准样式。其实在先秦，古代铜钱还有好多不同的款式呢，其中最古老的一种叫作"布币"。

布币，战国时期，山西博物馆藏

　　甲骨文"商"字跟布币的外观很像。布币的样子就像一把小铲子，而我们现在常用的"钱"字在古汉语里最早的意思就是一种挖地用的铲子。在古人的心目中，商人就是跟钱打交道的人，所以把"商"的字形造得如此传神。

词性解析

▼

商

1. 动词，计算、估量。

《汉书》："勤劳而至，虏必商军进退，稍引去，逐水草，入山林。"

2. 动词，引申为商议。

《三国演义》："操与众商议，欲立植为世子……"

3. 动词，贩卖货物。

《论衡》："无禄之人，商而无盈、农而无播，非其性贼货而命妨谷也。"

4. 动词，揣测。

《论衡》："巧商而善意，广见而多记，由微见较，若揆（kuí）之今睹千载，所谓智如渊海。"

5. 名词，商业。

《史记·货殖列传》："农不出则乏其食，工不出则乏其事，商不出则三宝绝，虞不出则财匮少，财匮少而山泽不辟矣。"

6. 名词，商人。

《孟子》："今王发政施仁，使天下仕者皆欲立于王之朝，耕者皆欲耕于王之野，商贾皆欲藏于王之市……"

7. 名词，中国古代五声音阶之一。

商调、商音。

8. 名词，两数相除的结果。

20 除以 4，商是 5。

9. 名词，中国古代的朝代名称。

商代、商朝、殷商。

10. 名词，星宿名。

《赠卫八处士》："人生不相见，动如参与商。"

60

"盗"不是盗，"贼"不是贼

在这一篇中，我们来看看社会阴暗面的"职业"——盗和贼的文化故事。在文字发展的历史上，"盗"和"贼"是两个很有名的错别字，有道是"做贼心虚"，"盗"和"贼"都不敢以真面目来面对世人了。

"盗"这个字，现在写成上半部分一个"次"，下半部分一个"皿"。你猜猜看，"次＋皿"的字形跟偷盗、盗窃这些意思有什么关系呢？是不是有些匪夷所思，令人完全摸不着头脑？其实，这是因为"盗"是个错别字。你听我讲完古汉字"盗"的原形，就会完全明白是怎么回事了。

为什么说"盗"是个错别字呢？它到底错在哪里呢？它只错在一个点上了。"盗"的上半部分不应该是两点水的"次"，而应该是"氵"加一个"欠"。这个字不是"次"，而是"涎"字的变形写法。"涎"就是口水的意思。"盗"字底下的"皿"代表的也不是一般的器皿。古汉字中象形的器皿大多数是青铜制作的礼器。在古人眼里，这些青铜器自然都是宝贝。古人认为，竟然能对着这些可能价值连城的青铜器流口水，必然是有非分之想的人——"盗"了。

小篆体的"盗"字上
面有"水"字

一念之差变强盗

古代有一个笑话：有个懒汉身上没钱，每天都在琢磨怎么能既迅速又省事地弄到钱。

有一天，懒汉路过一家店面，看到掌柜正在面对马路的柜台上点钱算账。他突然动了邪念，上前抓了一把钱就跑。但他没跑多远就被人抓住，扭送到官府。

县太爷升堂审案，问懒汉："你也太胆大包天了，光天化日就敢在大街上公然抢劫！你就不怕被周围的人逮到？"懒汉竟然委屈地说："我当时只想着钱，也只看见钱，脑子一热，自然就目中无人了。"他只因这一念之差就变成强盗了。

我们对"盗"的字形正本清源，自然也就对其造字原理明白如话了。老话说，不怕贼偷，就怕贼惦记。古人造的"盗"字巧妙地象形了大盗对着宝物流出贪婪的口水的样子，正是对这句老话的生动印证。

在古代，"盗"最早指的就是小偷小摸，盗窃财物。成语"鸡鸣狗盗"中的"狗盗"讲的是钻狗洞进入别人家里偷东西的人。

鸡鸣狗盗

"鸡鸣狗盗"这个典故来自《史记》中的《孟尝君列传》，讲的是孟尝君的门客里有鸡鸣狗盗之徒，他们虽然看起来卑微，却在关键时刻救了孟尝君的命。

我借这个"狗盗"的典故，是想说明"盗"字读音的来历。古人为什么把小偷叫作"盗"呢？在古代，"盗"跟"陶"的读音很像。"陶"当动词用的时候有一个很特别的意思——挖洞。而"盗"就是像老鼠一样会打洞偷东西的家伙。

李清照被盗

中国古代大部分建筑都是土墙。小偷总是先在别人家的土墙上挖个洞，然后钻进屋子顺手牵羊。宋代的大词人李清照就被这些会挖墙的小偷偷过东西。

北宋沦陷以后，李清照和丈夫赵明诚一起流亡南渡。在风雨飘摇的流亡途中，赵明诚不幸病死。李清照孤苦无依地守着从前和丈夫节衣缩食攒下的古董收藏，想去临安（杭州）投奔朋友。李清照为了防盗，就把古董都放在平时睡觉的床铺下，仔细看守。

可是没想到，有一次她在乡间投宿，床铺靠着土墙，晚上，小偷在墙上掏了个洞，趁她熟睡的时候从墙洞里把装古董的箱子偷走了。李清照把这件糟心事详细地记录在丈夫文集的后序中，让后人可以直观地了解古代的盗究竟是如何作案的。

"盗"本来是指小偷小摸，但后来它的意思逐渐发生变化，变成了现在打家劫舍、杀人放火的强盗的意思。

大强盗盗跖

春秋时,鲁国出了一个大强盗,后世称他为"盗跖"。据说盗跖有九千名手下,跟着他一起横行天下,侵暴诸侯。《庄子》中记载,盗跖曾经把孔子给教训过一顿。后世的强盗还把盗跖当成祖师爷呢!不过,即便如此,"盗"表示盗窃、偷盗的意思还是千年不变。

窃国大盗

近代史上的风云人物袁世凯被后人称为"窃国大盗",就是因为他用不正当的手段偷走了辛亥革命推翻清政府的胜利果实,后人虽然管他叫"大盗",但心里却认为他只是为人所不齿的小偷!

贼

现代汉语，包括很多方言，都把小偷叫"贼"，比如我是上海人，上海话就管小偷叫"贼骨头"。东北人有句俏皮话，小偷碰电门——贼毙！你看，"盗"从原来的小偷变成了大强盗，"贼"顶替了原来"盗"的意思，变成小偷了。

有些人不理解"贼"的字形来历，就按照小偷的意思自说自话："贼"字左半部分是"贝"，"贝"在古汉语里代表宝贝、财物；右半部分是个"戎（róng）"，古代可以指武装、武力；"贝"和"戎"两个字合在一起，就表示用武力来夺取财物的人——贼。甚至还有人连字形都没分析明白，就胡批一通，说"贼"的右半部分应该是个猪八戒的"戒"。"贝"加"戒"就是提醒大家要戒备，保管好身上值钱的东西。这些说法全都大错特错了。

"贼"字根本就不是这些人说的会意字，而是一个形声字，只不过声旁的变化有点儿大，我们已经无法从现在的楷书中看出它原本的样子了。

下页第一幅插图中展示的是秦朝丞相李斯写的小篆体的"贼"字。这个小篆的"贼"字，字形就清楚明白多了，原来"贼"字

小篆体"贼"字　　　　小篆体"则"字

的左半部分，当声旁的是"则"字，右半部分是一把代表武器的"戈"。所以，"贼"这个字跟宝物、钱财没有多大关系。"贼"的字义主要是通过右半部分的"戈"字体现出来的。在古汉语里，"贼"指的是拿着武器要人命的杀手啊。

《左传》：使贼弑公

在《春秋》中，孔子提到的第一位鲁国君主是鲁隐公。鲁隐公是一位仁厚的长者。

鲁隐公的父亲鲁惠公去世之前，没有立嫡子公子允为继承人。因为当时公子允年纪太小，惠公恐怕公子允不能胜任国君之位，就选了年长的庶子鲁隐公成为继承人。鲁隐公不贪恋权位，一心一意准备等将来弟弟公子允成年，就退位隐居。

这时，鲁国的大臣公子翚（huī）想获得鲁国权势最高的职位——太宰，他为了向鲁隐公表忠心，就出馊主意说："只要杀了公子允，您的国君之位就稳如泰山了。"可鲁隐公并不理会公子翚的谗言，反驳说："我只是替公子允摄政，将来一定要把这个位子还给他。"

野心家公子翚担心将来公子允即位，知道自己曾向鲁隐公进谗言的事情会找自己算账，居然反过头来到公子允那里说鲁隐公的坏话，劝公子允先下手为强。

年轻的公子允不明白哥哥鲁隐公的一番苦心，稀里糊涂地答应了。于是公子翚就趁某一天鲁隐公离开都城的时候，派出一伙贼人，把宅心仁厚的鲁隐公给暗杀了。

春秋《左传》中记载了这件事，这样评价："使贼弑公。"

《孟子》: 贼仁残义

在历史上，贼干的伤天害理的坏事还多着呢！孟子曾经毫不留情地批评商纣王根本不配当君主。孟子的原话是这样说的："贼仁者谓之贼，贼义者谓之残，残贼之人谓之一夫。闻诛一夫纣矣，未闻弑君也。"成语"贼仁残义"就从这里来，形容坏人残害百姓天理不容。

像商纣王一样贼仁残义的统治者，也被人称作"独夫民贼"。孟子认为，百姓为了推翻这些残害人间的坏家伙，根本不需要再遵守什么君臣的伦理道德了。你看，这"贼"简直是可恶至极，把孟子他老人家都气得暴跳如雷了。

盗从小偷变成了大盗，贼从杀手变成了小偷，汉字语义的变化真是神奇有趣呢。

词性解析

▽

盗

1. **动词，偷东西。**

《史记·魏公子列传》："公子从其计，请如姬。如姬果盗晋鄙兵符与公子。"

2. **动词，抢劫。**

《列子》："遂共盗而残之。"

3. **动词，诈骗。**

欺世盗名、盗印、盗铸。

4. **名词，偷窃财物的人。**

《世说新语》："乃托言有盗，令人修墙。"

5. **动词，抢劫财物。**

《教战守》："论战斗之事，则缩颈而股栗；闻盗贼之名，则掩耳而不愿听。"

贼

1. 动词，伤害。

《庄子》:"……寒暑弗能害，禽兽弗能贼。"

2. 动词，特指杀害。

《左传》:"贼民之主，不忠；弃君之命，不信。

3. 名词，古代指危害国家和人民的人。

《出师表》:"愿陛下托臣以讨贼兴复之效，不效，则治臣之罪，以告先帝之灵。"

4. 名词，刺客、杀手。

《史记·秦始皇本纪》:"燕王昏乱，其太子丹乃阴令荆轲为贼，兵吏诛，灭其国。"

5. 名词，偷窃或者抢劫的人。

《童区寄传》:"贼二人得我，我幸皆杀之矣。"

6. 名词，祸害。

《论积贮疏》:"今背本而趋末，食者甚众，是天下之大残也；淫侈之俗，日日以长，是天下之大贼也。"

7. 名词，敌人。

《荀子》:"非我而当者，吾师也；是我而当者，吾友也；谄谀我者，吾贼也。"

8. 形容词，邪恶的。

《史记·龟策列传》："寒暑不和，贼气相奸。"

9. 形容词，残暴的。

《史记·汲郑列传》："好兴事，舞文法，内怀诈以御主心，外挟贼吏以为威重。"

10. 副词，东北方言，表示非常。

贼冷、贼贵、贼好看。

中国传统文化中的行辈字

在前面的汉字故事中，我们了解了古代社会中兄弟之间起名字的学问。在这篇文章中，我们来详细了解一下中国古代社会的特殊礼制——行辈字。

行辈字通常表示排行。秦代时，行辈字常出现在字中，如"长"（或"元"）"次""幼""少"。这些行辈字与先秦时期在名中表示排行的"孟"（或"伯"）"仲""叔""季"的作用是一样的。魏晋以后，人们逐渐把行辈字从字转向名，表明同宗亲属、家族世系、血系秩序。历代不同地域的家族成员都注重编定行辈字，甚至将其作为家族的规矩。

我们以《红楼梦》里的贾氏家族男性成员的名字为例。一般来说，人们都将这些代表辈分的字置于姓之后，如贾代善、贾代化、贾代儒。像贾氏宗族中的"代""文""玉""草"这些代表行辈的字是宗族内部按一定次序排列的，并不是父母或本人可以随便选用的，比如贾宝玉是"玉"字辈的，而贾芸则是"草"字辈的，读者从他们的名字就能看出贾宝玉虽然年龄比贾芸小，却是贾芸的长辈。

由于代表行辈的字是用来体现宗族观念的，所以这样的字一般有三类寓意：首先是寓意美德或吉祥的字，比如德、仁、明、孝、福、禄、吉、祥、贤等；其次是代表希望宗族延续和昌盛的字，如永、传、昌、盛、兴、延、继、承等；第三类则是表达怀念先祖和歌颂皇天恩德的字，如泽、祖、显、荣、恩、锡、启、先等。

不过，随着时代的变迁，现在的长辈不怎么沿用行辈字给孩子取名字了。如果你对行辈字有兴趣，不妨去查一查自己姓氏的历史，和家里的老人聊一聊行辈字，说不定会有意想不到的收获呢。

中国传统文化中的孝道

中国古代的孝道是儒家思想的重要组成部分，也是中华传统美德之一。在古代，孝道被看作"百行之先""为仁之本"，已经深深地根植于中华传统文化之中，影响着千百年来中国人的社会生活和行为习惯。

中国传统文化中的孝道强调的是子女对父母的尊敬、关爱和赡养，应做到敬亲、奉养、侍疾、立身、谏净、善终。孝道强调家庭和谐与社会稳定，子女除了应该尽心尽力地照顾父母、赡养老人，也应懂得并践行幼敬长、下尊上，关爱和支持其他家庭成员。

古人看重家庭关系，尤其看重父子关系，而孝道就是父子相处的道德规范。《孟子》里有这样一句话："内则父子，外则君臣，人之大伦也。"古人看重的孝道讲究推己及人：因为孝敬父母，也由此尊重由父母所生的兄弟姐妹，爱护与自己共同养育后代的妻子，敬重教授生存本领和人生道理的老师，珍惜与自己志趣相投的朋友，热爱自己赖以生存的环境、国家。

中国传统文化中的孝道强调子女对父母的遵从，因而在古代社会，父母的教诲具有很强的权威性，不容置疑。比如，岳飞的母亲为勉励岳飞英勇抗金，就在他背上刺"尽忠报国"四个字，后来岳飞果然不负母望，英勇抗敌，成为名垂千古的抗金英雄；又如，赫赫有名的杨家将是在佘太君的谆谆教导和激励下，为报效国家前仆后继，成为满门忠烈；再如，西汉的司马迁为了了却父亲司马谈的凤愿，承受侮辱和伤痛，隐忍苟活，最终完成了我国第一部纪传体通史——《史记》。由此可见，中国传统文化中的孝道不仅是重要的道德观念，还是优良的家风、家教，对于家庭和谐、社会进步、国家稳定都起到了积极的推动作用。

在历史上，关于孝道的传说和故事还有很多，这些传说和故事旨在教育人们践行孝道，弘扬中华传统美德。同时，这些故事也强调服从家族和国家的权威，这也是当时统治者维护社会秩序的重要手段。

在现代社会，我们应该继承和弘扬孝道中的精华，尊重长辈、关爱家庭，为建立和谐社会尽自己的一份力。

中国古代法制概述

中国古代的法制大致可以分为奴隶制法制时代和封建法制时代。

奴隶制法制时代一般是指夏、商、西周及春秋时期的法制，其突出特点是以习惯法为基本形态——法律是不公开的。

在夏王朝时期，中国早期的刑罚制度、监狱制度都有了一定的发展。

商朝建立之后，法制在夏律的基础上，进一步建立健全罪名、刑罚以及司法体制诉讼制度。

西周时期，奴隶制法制进入了鼎盛时期。在西周政权存续的两个多世纪里，"以德配天""明德慎罚"等法制思想逐渐成为主流，出现了老幼犯罪减免刑罚、区分故意和过失等法律原则，以及"刑罚世轻世重"的刑事政策。这些法律制度对中国后世的法制发展产生了重要的影响。春秋时期，法制随着社会动荡也产生了巨大变化，以"反对罪刑擅断"、要求"法布于众"为内容的公布成文法运动勃然兴起，《铸刑书》《竹刑》及《铸刑鼎》都是这一时期法制变革的代表性成果。

战国以后，中国的法制进入封建法制时代。封建法制时代一般是指战国以后至鸦片战争以前中国各主要封建王朝的法律制度，时间跨越两千余年。

战国时期是由早期习惯法向成文法转变的重要阶段。

秦朝律法以法家思想为依据，主张"事皆决于法""法令由一统"及"轻罪重刑"。汉朝法律继承秦朝的法律制度并不断发展完善。可以说，秦汉时期是中国古代成文法法律体系全面确立的时期。

在三国两晋南北朝时期，律、令、科、比四类法律形式取代了汉朝的律令体制。这一时期是中国传统法制迅速发展的阶段。

隋唐时期是中国传统法制的成熟、定型阶段，《唐律疏议》成为后世历代立法的典范。

宋元明清时期则是中国古代法制走向极端专制的时期。其中元代加强了与少数民族聚居区相关的立法，以有效地管理多民族的国家。明律和清律则根据契约关系日趋复杂的现状，将调整借贷、雇佣、租佃、土地所有权及婚姻家庭纠纷写进法律条文。

中国的古城墙

中国古代的城墙有广义和狭义之分。广义的城墙分为两类：一类指构成长城的主体，另一类是指城市的防御建筑，由墙体和附属设施构成封闭区域。而狭义的城墙则是指由墙体和附属设施构成的城市封闭型区域，其中封闭区域内为城内，封闭区域外为城外。

中国古代城墙的主要作用是防御外敌，因而被筑造得又高又厚，敌人难以从外面攀爬，守城的官兵却能居高临下，有效地阻止和拖延敌军的进攻，从而为援兵争取时间和机会。

中国古代的城墙主要由墙体、女墙、垛口、城楼、角楼、城门和瓮城等部分构成，绝大多数城墙外围还有护城河。

中国明代以前的城墙是用当地黄土或黑土夯实筑成的，坚固耐久，防御性很强。明代以后，国家经济繁荣，生产力大幅提高，工匠掌握了烧砖技术，对各地城墙外皮进行包砖，将土城墙升级为砖城墙。砖砌的城墙并非一条直线，而是呈弧形，并且错落有致。为防御敌人攻城，在城墙墙体的侧面还砌出马面，即在墙体的外楼建成一个方垛。

在战争中，城墙还起到了统一指挥和侦察敌情的作用。城墙上的瞭望台和箭楼为守军提供了观察、射击的条件。有的城墙上还设置了旗杆等信号装置来传递命令。在城墙的里边还建有供守城官兵登上城墙的马道。城墙外还设有壕沟和陷坑等陷阱工事，成为敌军进攻城门时的巨大障碍。

中国现存的著名的古城墙有北京内城——东南角楼，这是中国现存最大的城垣角楼；南京明城墙，这是世界上最长、规模最大、保存原真性最好的古代城垣；此外还有西安明城墙、开封清代城墙、曲阜明城墙、荆州城墙、平遥城墙。

如果你以后有机会参观我国著名的古城墙，请一定不要走马观花地看，而要仔细观察古城墙作为一种独特的古代建筑的样式、功能，理解它的存在对于古代国家和城市的安全和百姓正常生活的重要意义。

汉字与书法

当方块字遇上了毛笔，一段书法之美的千年历程就此打开。相传，毛笔是秦朝大将蒙恬发明的，但是考古学家告诉我们，早在甲骨文的时代，毛笔就已经是古人的文具了。

你可能会产生疑问：甲骨文不是商朝人刻在乌龟甲壳和牛骨上的文字吗，跟毛笔又有什么关系呢？其实，甲骨文是一种"幸存者偏差"，因为龟甲、牛骨材质坚硬，能在地下保存上千年，而毛笔主要是在丝织品和竹简木片上写，保存不了那么长的时间。

《尚书》记载"惟殷先人，有册有典"，"册"的古汉字看起来就像是一捆用绳子绑起来的竹简，可惜我们今天能看到最古老的竹简是战国时代的，离殷商还差一千年呢。但在这看似空白的一千年里，汉字书法经历了一场脱胎换骨的蜕变，化蛹为蝶，最终成为世界上独一无二的艺术。

这场"蝶变"究竟是如何发生的呢？毛笔是书法艺术最重要的物质基础。在发明了文字的古代民族中，只有汉字的发明者们把毛笔当成写字的工具，其他的古文明，比如巴比伦、埃及传播文化和知识的工具是硬笔。他们并不是没有发明毛笔，而是把软软的毛笔当成画画的工具。欧美人写字用硬笔，画画用软笔，直到今天依然如此。

而只有东亚的中国文明，书画同源。人们使用毛笔写字，因为毛笔柔软的笔锋又饱含韧性，能够细致入微地表现轻重缓急的力度变化。这是书法艺术的根源所在。

有了完美的工具，汉字就不再是一种简单的符号了。大多数形义兼备的汉字具有复杂的笔画，而这恰恰为毛笔提供了用武之地——饱蘸墨汁的毛笔笔锋可以在不同笔画中体现粗细搭配、主次分明、刚柔互济的特点。

从甲骨文、金文到简体字，汉字走过了数千年。在这漫长的岁月中，书法艺术伴随着汉字字体的演变，也在不断发展。

在小篆字体中，无论是横、竖还是点都以线条的形式体现，粗细一致，圆起圆收。字体结构上紧下松，垂脚拉长；章法上行列整齐，规矩和谐。

汉代隶书风格多样，打破了篆书线条单一的局限，点画分明，粗细有致，用笔有方有圆，或方圆兼济，便于识别和书写。

草书形成于汉代，是为书写简便在隶书基础上演变出来的，分为章草、今草和狂草。章草笔画灵活多变，巧妙地省略了部分笔画，但有章法可循；今草不拘章法，笔势流畅、气势恢宏；狂草笔势连绵回绕，狂放不羁，字形变化繁多，成为完全脱离实用功能的艺术创作。

楷书形体方正，结构紧密，笔画丰富细腻，讲究笔画搭配，既是汉字书法艺术的主要书体之一，也是官方所采用的正式字体。

行书是介乎草书和楷书之间的一种书体，既比楷书流动、率性、潇洒，又比草书易认好写。晋朝王羲之将行书的实用性和艺术性完美地结合起来，形成了独特的书法艺术。

当我们看汉代木简上的隶书，从写字实用的角度看，那一笔优雅的蚕头燕尾的横画其实很耽误工夫，但正是从这一笔巧妙的波折中，我们读出了古人为生活在煌煌天汉而感到无比自豪，也能读出他们因熟读经史，由内而外透出的优雅从容。字如其人，汉字与毛笔共同创造出的书法之美，也同样在塑造中华民族的人格魅力。

后记

汉字的故事不好讲。传说、故事可以半真半假，可如果写进书里，故事就必须靠谱，千万不能误导小读者。但是，如果我把关于汉字的故事讲得等同于我平时给大学生授课时用的讲义，小读者准会读得意兴阑珊。我想如果把汉字故事讲得既靠谱又有趣，那就必须得"接地气"，不能"在云端"。于是，我在动笔之前颇费了一番思量，终于想出一个好的创作角度来。

我把这套书的内容分成两个部分：一个部分是介绍汉字字形的演变轨迹，就字论字，讲清楚我们现在写的字形是怎么从看不懂的古汉字一步步演变而来的；第二个部分是从考古文物、历史民俗等不同的角度讲汉字文化，挖掘有趣的汉字故事，提高小读者的兴趣。在这套书中，这两个部分相得益彰，都很重要，但各自承担着不同的作用。

对于任何一个汉字学者来说，讲汉字的演变都是一个严肃的任

务。我看过很多讲汉字的通俗读物，作者在讲关于字形的来历时常
会犯两个错误：首先，他们只抄古人古书上的说法，而这些陈芝麻
烂谷子的说法，已经有不少都被现代学者证明是有问题的。这些学
者不知道古人虽然生活在古代，毕竟离最初造字的年代也很久远了。
其次，他们的想法太天马行空，为汉字的字形赋予太多经不起推敲
的阐释，夸大汉字的文化意义，忽略了汉字作为实用工具的性质。
比如有些书上说甲骨文"日"字里头的一点是太阳黑子……这种缺
乏根据的说法，比单纯抄古书造成的错误更离谱。

在这套书中，我所采用的材料和说法基本都来自当代权威的文
字学工具书和专业学者公开发表的论文，当然也有我自己多年研究
文字积累的成果。简单来说，我介绍汉字历史演变主要采取了三种
方法：第一，正本清源。把每一个字的古今字形串起来讲，就像展
示生物进化的不同阶段一样，说清每个字的字形写法的来龙去脉，
比如简体字的"头"是怎么从繁体字的"頭"变来的。第二，讲清
原理。古人不是拍拍脑袋随便造汉字的，而是根据一定的原理、方
法，比如象形、会意等等，来创造汉字的。我单说这些干巴巴的造
字原理，肯定会让读者昏昏欲睡，所以我结合了具体的例子进行了
生动深入的剖析，以便让小读者在阅读的过程中潜移默化地掌握造
字原理。第三，我还结合古汉语的知识，把字形和字义串在一起分
析。小读者通过学习汉字还可以掌握古汉语词汇语义的用法和来源，
让所学的汉字知识真正能够助力文言文的学习。

我讲完汉字的字形，还要讲有趣的汉字文化故事。在创作这套

书的过程中，我非常庆幸，汉字是一部真真正正的"百科全书"，简直可以说是上通天文，下及地理，囊括古今中外人生百态，可供我发挥的素材太多了。书里的章节就是按照汉字涉及的不同主题内容编次而成的。我唯一感到可惜的是，限于篇幅，我的残笔没法曲尽汉字文化之妙。说实话，写完这套书，我还意犹未尽，很想继续创作第二辑呢！

王弘治

2024 年 6 月于上海